**rowohlts monographien
begründet von Kurt Kusenberg
herausgegeben von
Wolfgang Müller und Uwe Naumann**

Johann Gottlieb Fichte

mit Selbstzeugnissen
und Bilddokumenten
dargestellt von
Wilhelm G. Jacobs

Rowohlt

Für Frauke

Dieser Band wurde eigens für «rowohlts monographien» geschrieben
Den Anhang besorgte der Autor
Herausgeber: Beate Kusenberg und Klaus Schröter
Assistenz: Erika Ahlers
Umschlagentwurf: Werner Rebhuhn
Vorderseite: Fichte. Kohlezeichnung von F. Bury, 1800
(Archiv für Kunst und Geschichte, Berlin)
Rückseite: Fichte am Katheder. Bleistiftzeichnung von Gebr. Henschel
(Schiller-Nationalmuseum, Deutsches Literaturarchiv)

Veröffentlicht im Rowohlt Taschenbuch Verlag GmbH,
Reinbek bei Hamburg, Dezember 1984
Copyright © 1984 by Rowohlt Taschenbuch Verlag GmbH,
Reinbek bei Hamburg
Alle Rechte an dieser Ausgabe vorbehalten
Satz Times (Linotron 202)
Gesamtherstellung Clausen & Bosse, Leck
Printed in Germany
ISBN 3 499 50336 0

3. Auflage. 13.–14. Tausend September 1998

Inhalt

Unterwegs zu sich selbst 7
Krise und Glück 25
Berufung 38
Die Wissenschaftslehre 48
Die Wissenschaftslehre im Streit 54
Der sogenannte Atheismusstreit 65
Trennungen 82
In Diensten Preußens 98
Professor an der Universität in Berlin 119

Anmerkungen 130
Zeittafel 134
Zeugnisse 136
Bibliographie 139
Namenregister 157
Über den Autor 160
Quellennachweis der Abbildungen 160

Johann Gottlieb Fichte. Gemälde von Ernst Gebauer, 1812

Unterwegs zu sich selbst

Legendär, so wird berichtet, sei manche Begebenheit im Leben Johann Gottlieb Fichtes gewesen. Die Züge der Legende finden sich, seltsam genug, eingetragen in das Leben eines Gelehrten, der sich zum Ziel gesetzt hatte, die Philosophie als strenge Wissenschaft zu etablieren. Die Wunder der Legende reimen sich schlecht auf Wissenschaft. Diese hat es mit Gesetzen und Normen zu tun, und wo ihr ein Wundersames begegnet, versucht sie, es auf Gesetze zurückzuführen und damit aufzulösen.

In der Tat rankt sich die Legende nicht um die Theorie, sondern um das Leben eines Wissenschaftlers. Seine vornehmliche Tätigkeit ist es, zu denken. Wenn, wie es bei der Philosophie der Fall ist, die Wissenschaft kein Experiment und keine Forschungsreise kennt, so bietet sich dem Zuschauer das eintönige Bild eines Menschen am Schreibpult. Diese Eintönigkeit auf sich zu nehmen, will dem gesunden Menschenverstand geradezu sinnlos erscheinen, da für ihn die Wissenschaft ein Buch mit sieben Siegeln ist. Er hält sich an die auffallenden Züge im Leben des Wissenschaftlers, und schon ist die Legendenbildung angeregt. Kein Wunder, daß man heute die Anekdote von Thales' Fall in den Brunnen eher kennt als seine Lehre.

Im Leben Fichtes geschah nicht nur Legendäres, es war nicht nur der gesunde Menschenverstand, der Legenden erzählte, auch die Philosophiegeschichtsschreibung trug das ihre zur Legende bei. Fichte war der Philosoph des Ich, der deutsche Jakobiner, der Redner an die deutsche Nation – nur der Wissenschaftslehrer, als der er sich vornehmlich verstand, der war er nicht.

Erst die Fichte-Forschung der Nachkriegszeit thematisiert vor allem die Wissenschaftslehre, wie Fichte das Kernstück seiner Philosophie nannte. Ein Motiv für diese Hinwendung zum systematischen Mittelpunkt war gewiß das Interesse der Fichte-Forscher, den Verfasser der *Reden an die deutsche Nation,* den der Nationalsozialismus für seine Ahnengalerie beschlagnahmt hatte, vom Vorwurf eben dieser Ideologie zu reinigen. Die Bedeutung der Wissenschaftslehre trat aber insbesondere dadurch ins Bewußtsein der Forschung, daß diese sich in einem bisher nicht gekannten Maß den Quellen zuwandte. Seit 1962 erscheint die Fichte-Gesamtausgabe, in der neben schon bekannten Veröffentlichungen Fichtes insbesondere dessen bisher ungedruckter Nachlaß ediert wird. Fichte hat in den letzten fünfzehn Jahren seines Lebens kaum etwas zur Wissenschaftslehre veröffentlicht, dafür um so mehr über sie vorgetragen. Fichtes Ausarbeitungen sind erhalten, und allein die Tatsache, daß der weitaus größte Teil des Nachlasses aus den Manuskripten zu diesen Vorträgen besteht, zeigt schon, daß Fichtes Denken und Arbeiten vornehmlich der Wissenschaftslehre gegolten hat.

Die Fichte-Gesamtausgabe ist im Augenblick der Abfassung dieser Monographie etwa zur Hälfte erschienen. Begleitende Schriften: eine Bibliographie, eine Reihe «Fichte im Gespräch» und eine weitere «Fichte im Spiegel zeitgenössischer Rezensionen» sind zum Teil veröffentlicht oder werden noch herausgebracht. Die wissenschaftliche Literatur folgt aus naheliegenden Gründen weitgehend der Edition.

Man sagt nicht zuviel, wenn man behauptet, die Fichte-Forschung befinde sich in einem Neuaufbau, der nicht vor der Jahrtausendwende abgeschlossen sein dürfte. Es liegt auf der Hand, daß eine neue umfassende Fichte-Darstellung erst nach Abschluß der Edition und der sie begleitenden Arbeiten möglich sein wird. Diese Monographie zieht eine Zwischensumme, wie sie sich aus der gegenwärtigen Forschungslage ergibt.

Johann Gottlieb Fichte wurde am 19. Mai 1762 in Rammenau in der Oberlausitz geboren. Fichte ist ein Dorfkind, seine Vorfahren sind Handwerker und Bauern. Der Vater Christian war Bandmacher, seine Mutter Johanna Maria Dorothea, geborene Schurich, eine Bandmacherstochter. Nach Fichtes erstem Biographen, seinem Sohn Immanuel Hermann, hat Christian Fichte eine Tochter seines Lehrherrn geheiratet. Diese hatte etwas Vermögen in die Ehe gebracht, wovon 1766 ein Bauplatz gekauft und ein Haus errichtet werden konnte. Familie Fichte gehörte nicht zu den Ärmsten, konnte aber auch bei einer rasch wachsenden Kinderzahl keine Reichtümer ansammeln; zu Johann Gottlieb traten nämlich noch neun weitere Geschwister, von denen sieben heranwuchsen.

Über Fichtes Verhältnis zu seinen Eltern wissen wir nur aus seinen späteren Mitteilungen. In einem Brief aus der Zeit der ersten Bekanntschaft mit Johanna Rahn, die später seine Frau werden sollte, berichtet er von einem Streit mit seiner Mutter: *... die – welch eine Erscheinung! – bei der auffallendsten Geistes-, und körperlichen Ähnlichkeit, sich nie besondre Zärtlichkeit gegen mich gezeigt hat.*[1]* Ein Jahr nach dieser Mitteilung besucht Fichte seine Eltern und vermerkt im Tagebuch, die Mutter habe gern gegen ihn gut tun wollen, *und sie kann leider nicht*, fährt er fort, *weil ihr Herz nicht gut ist*. Weiter unten hält er fest: *... meine Mutter wusch mir mit Güte. – Doch warum wird diese Frau nie heiter? warum nimmt sie nie herzlich Anteil an unsern Gesprächen?* Von der dunklen, vielleicht depressiven Gestalt der Mutter hebt sich der *gute, herzliche, brave Vater* hell ab: *Mache mich Gott zu so einem guten, ehrlichen, rechtschaffenen Manne, und nimm mir alle meine Weisheit, und ich habe immer gewonnen.*[2]

---

* Die hochgestellten Ziffern verweisen auf die Anmerkungen S. 130f.

Fichtes Sohn hat in seiner Biographie nur mitgeteilt, was Fichte über seinen Vater, nicht was er über seine Mutter schreibt. Es entspricht den Gepflogenheiten seiner Zeit, daß er verschweigt, was ein schlechtes Licht auf die Familie werfen könnte. So überliefert er auch nicht, wann die Eltern seines Vaters geheiratet haben. Ein vor 50 Jahren erstellter Stammbaum[3] datiert die Hochzeit auf den 1. November 1761 in Pulsnitz, sechseinhalb Monate vor Fichtes Geburt. Wenn Fichtes Sohn in der Mitte des 19. Jahrhunderts meint, die voreheliche Beziehung seiner Großeltern verschleiern zu sollen, so dürfte dies erst recht ein Jahrhundert früher für das junge Paar gegolten haben. Nach Immanuel Hermann habe der «bürgerstolze»[4] Brautvater einer Ansiedlung in Pulsnitz, seinem Heimatort, nicht zugestimmt. Abgesehen davon, daß Vater Schurich unserem Stammbaum zufolge bei der Hochzeit seiner Tochter schon zwanzig Jahre tot war, dürfte die Übersiedlung von Pulsnitz nach Rammenau der Vermeidung übler Nachrede gedient haben. Angesichts dieses Verhaltens der Eltern Johann Gottliebs darf man vermuten, daß die Mutter in ihrem ältesten ein Kind der Schande gesehen und ihn dies hat spüren lassen. Das Verhältnis der Mutter zu Fichte dürfte seinen leicht verletzlichen Stolz im späteren Leben hinreichend erklären.

Fichte wurde am Tag seiner Geburt getauft und in die evangelisch-lutherische Kirche aufgenommen. Immanuel Hermann berichtet von der Taufe, «daß ein Großoheim der Mutter, der wegen seiner Frömmigkeit und fast prophetischen Weisheit überall verehrt wurde, von seiner fernen Wohnung zur Feierlichkeit herübergekommen war; dieser kniete betend an der Wiege des Kleinen hin, segnete ihn laut und verhieß, dies werde einst ein Mann werden zum Troste und zur besondern Freude seiner Eltern. Als nun der tiefbewegte Greis mit Mühe sich erhoben hatte und wieder in seine Wohnung heimgeführt worden war, so verließ er dieselbe nicht mehr vor überhandnehmender Schwäche, und bald darauf war er verschieden. Da glaubte man aber noch mehr an die Wahrheit jenes Wortes, weil der Greis schon an der Grenze der Ewigkeit mit dem letzten Lichtblick der verlöschenden Kraft es gesprochen habe.»[5]

Wenn Immanuel Hermann fortfährt: «Der Vater besonders blieb desselben eingedenk», so dürfte die Erzählung vom Vater Fichtes auf diesen und von diesem wiederum, vielleicht über seine Frau, auf den Sohn gekommen sein, der sie etwa 70 Jahre nach der Begebenheit mitteilt. In dieser Zeit hat die Erzählung von Fichtes Taufe die überlieferte legendenhafte Gestalt erhalten, deren Vorbild unschwer im Lobpreis Simeons bei der Darstellung Jesu im Tempel[6] erkannt werden kann. Das Vorbild zeugt nicht gegen die Wahrheit der Erzählung, wohl aber für den Interpretationshorizont, in dem die Begebenheit überliefert wird. In der zweiten Auflage seiner Biographie tilgt Immanuel Hermann diese Episode.

Der Biograph berichtet von einem klugen, zugleich aber stillen Kind, von rascher Auffassungsgabe und früher Selbständigkeit. Lebhafte Spiele habe Johann Gottlieb gemieden, dafür sei er oft einsam in die Ferne sinnend angetroffen worden.

Ersten Unterricht empfing Fichte von seinem Vater; Bibel und Katechismus waren die Bücher, die er zuerst las. Mit etwa sieben Jahren, so berichtet Immanuel Hermann, erhielt der Kleine vom Vater ein Buch über den gehörnten Siegfried, das ihn ganz gefangennahm. Er bemerkte, daß er zu nichts, auch nicht zum Lernen, mehr Lust hatte und daß die Quelle seiner Unlust sein Buch sei. Er beschloß, sich von ihm zu trennen, und warf es nicht ohne Selbstüberwindung in einen Bach. Der Verlust kostete ihn Tränen, und als ihn der Vater darinnen fand, konnte der Kleine sein Tun nicht zur Genüge erklären und wurde hart bestraft. Immanuel Hermann sieht in diesem Vorgang ein Vorspiel des späteren Lebens, «wo nicht selten gerade dasjenige, was er aus Überzeugung und mit ernstem Vorbedacht getan, am meisten verkannt und mißdeutet wurde, oft auch aus dem ähnlichen Grunde der Unkenntnis des eigentlichen Zusammenhangs und der wahren Motive»[7]. Man wird ihm, wenn auch mit anderen Akzenten, zustimmen müssen. Die Episode zeigt eine ungewöhnliche Kraft, um angestrebter Ziele willen Verzicht zu leisten; sie zeigt aber auch, daß sich Fichte trotz hoher Intelligenz und Sprachgewandtheit nicht immer zu erklären vermag. Die Interpretation dieser Unfähigkeit als Verkanntsein mag man der Sohnesliebe des Biographen zugute halten, man wird sie aber eher als ein Anzeichen dafür deuten, daß Fichte unter starken emotionalen Druck, der seine Fähigkeiten lahmlegte, geraten konnte. Bei der erwähnten lieblosen Behandlung durch seine Mutter sind die emotionalen Spannungen Johann Gottliebs verständlich.

Neben dem Vater nahm sich der Pfarrer des talentierten Kindes an und unterrichtete es. Erstaunt konnte er feststellen, daß der kleine Gänsejunge die Predigt am folgenden Tag recht genau wiederholen konnte. Diese Fähigkeit Johann Gottliebs wurde bald im Dorf bekannt und sollte ihm den Zugang zur Bildung eröffnen. Ernst Haubold von Miltitz, ein Adeliger aus der Umgebung, besuchte Rammenau und wollte die Predigt des Pfarrers hören, traf aber erst nach dem Gottesdienst ein. Man berichtete ihm von dem etwa acht- oder neunjährigen Jungen, der die Predigt wiederholen könne. Johann Gottlieb wurde geholt und gefiel durch sein Talent ebenso wie durch seinen Freimut. Der Pfarrer empfahl den Kleinen, und Miltitz beschloß, für die Erziehung des begabten Knaben zu sorgen. Die Einwendungen der Mutter, das Kind könne auf einem Edelhof Schaden an seiner Seele nehmen, wurden überwunden, und Johann Gottlieb fuhr mit Miltitz zu dessen Sitz Oberau. Der Wechsel des Orts und des Milieus war zu hart für den Kleinen; Miltitz bemerkte dies und gab ihn zu einem Pfarrer des Namens Krebel in Niederau bei Meißen.

Krebels Ehe war kinderlos; das Paar blieb Fichte in dankbarer Erinnerung ob seiner Liebe und Fürsorge. Krebel unterrichtete Fichte in den Anfangsgründen der alten Sprachen, bemerkte jedoch seine eigene Unzulänglichkeit und sorgte dafür, daß Fichte mit etwa zwölf Jahren die Meißener Lateinschule besuchen konnte. Nach kurzem Aufenthalt an dieser Schule wurde der Zwölfjährige im Oktober 1774 in die Fürstenschule Pforta bei Naumburg aufgenommen.

Schulpforta ist eine Vorbereitungsschule auf die Universität. Immanuel Hermann hebt das Klösterliche der Lebensweise hervor; beispielsweise

Schulpforta. Holzschnitt

gab es nur einmal in der Woche Ausgang, um Spielplätze zu besuchen. Die Verhältnisse waren hierarchisch geordnet, selbst die Schüler waren einander untergeordnet, die jüngeren nämlich den älteren sogenannten Obergesellen.

Fichte hat die Pfortenser Zeit in schlechter Erinnerung behalten. Das Dorfkind kam in eine völlig fremde Welt, seine Freiheit war drastisch beschnitten, zur üblichen Mogelei mochte er sich nur schlecht bequemen und als Milieufremder hatte er besonders unter Unterdrückung zu leiden.

Fichte litt unter seinem Obergesellen sehr und beschloß zu fliehen, um ein Leben als Robinson zu führen. Es kennzeichnet Fichtes Geradheit und wohl auch Naivität, daß er seinem Obergesellen die Fluchtabsicht und deren Gründe mitteilte. Dieser nahm die Worte des Kleinen nicht ernst, aber beim nächsten Ausgang setzte Fichte seine Ankündigung in die Tat um. Unterwegs dachte er an die Worte seines alten Predigers, jedes Werk mit einem Gebet zu beginnen und tat so. Dabei gedachte er seiner Eltern und der Gedanke, sie bei einer Flucht nie wiedersehen zu können, bewog ihn zur Rückkehr. Auf dem Rückweg schon aufgegriffen und vor den Rektor geführt, erklärte er sich offen. Die Offenheit bewahrte ihn nicht nur vor Strafen, sondern brachte ihm auch einen besseren Obergesellen ein. Seitdem, vermutlich von 1775 an, wurde Fichtes Los erträglicher.

Sechs Jahre, vom zwölften bis zum achtzehnten Lebensjahr, verbrachte Fichte in der Pforte. Es sind Jahre, in denen begabte junge Menschen sich

Lessing.
Gemälde von Anton Graff, 1771

bemühen, an der Kultur ihrer Zeit Anteil zu gewinnen. Dies ist für Fichte die Aufklärung, und Immanuel Hermann hebt hervor, was Lessing und dessen gerade in die Jahre fallender Streit mit dem Hamburger Pastor Goeze für Fichte bedeutet. «Der Trieb nach unbedingter Prüfung, nach freiester Forschung wurde geweckt, ja es mußte, indem zum ersten Male in ihm zum Bewußtsein kam, was wissenschaftliche Einsicht sei, durch die also erworbene Erkenntnis dem Jüngling die Ahnung eines neuen geistigen Lebens aufgehen.»[8] Für den Geist der Pforte versteht es sich, daß die Schüler die neuen Schriftsteller nicht lesen durften; die Alten, d. i. die antiken Schriftsteller, hatten zu genügen; von moderner Literatur war nur Haller und einiges von Klopstock sowie Gellert zugelassen. Fichtes Abschlußrede *de recto praeceptorum poeseos et rhetorices usu* zeigt aber auch moderne Literaturkenntnisse; die Literaturzensur scheint also mit einer gewissen Toleranz gehandhabt worden zu sein; auch Lessings Streitschriften gegen Goeze, der «Antigötze», war aus der Hand eines jüngeren Lehrers in die Fichtes gelangt.

Fichte war ein seiner Begabung entsprechender Schüler. Er trug aber nicht die Spuren früher Genialität an sich, die man etwa beim jungen Schelling sieht. Auch als zukünftigen Philosophen gab er sich nicht zu erkennen; als er Pforta verließ, war er zum Studium der Theologie entschlossen.

Sowohl Immanuel Hermann wie auch der spätere Biograph Fritz Medicus sehen die Wahl des Studiums als Folge der elterlichen Wünsche sowie der wirtschaftlichen Lage an. Wenn vielleicht die Überlegung, ein Theologiestudent könne am ehesten ein Stipendium erhalten, Fichtes Entscheidung beeinflußt haben dürfte, so ist doch das lebhafte Interesse an Lessings «Antigötze» ein Indiz dafür, daß die Probleme der Theologie Fichte nicht gleichgültig waren.

Über Fichtes Studienzeit wissen wir kaum etwas. Das Studium begann der Achtzehnjährige in Jena; neben dem Theologen Johann Jacob Griesbach hörte Fichte dort den Altphilologen Christian Gottfried Schütz über Aischylos. Bald, etwa 1781, wechselte Fichte nach Leipzig, wohl in der Hoffnung, hier eher als in Jena ein Stipendium zu erhalten. Diese Hoffnung erfüllte sich nicht. Als Lehrer Fichtes wird Christian Friedrich Pezold genannt; jedenfalls findet sich im Fichte-Nachlaß eine *Theologia Dogmatica secundum Theses D. Pezoldi*[9]. Ob Fichte Ernst Platner, dessen «Philosophische Aphorismen» er später seinen Vorlesungen öfter zu-

Johann Melchior Goeze

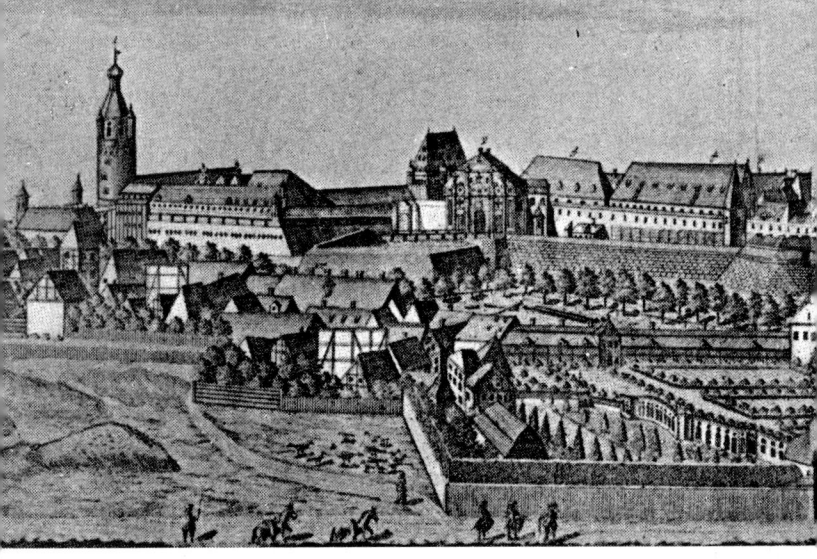

Leipzig. Kupferstich von J. A. Roßmäßler

grunde legte, gehört hat, ist nicht bekannt. Von Pezold scheinen Anregungen ausgegangen zu sein; in der Nachfolge seines Lehrers Christian August Crusius hatte Pezold die Freiheit des Willens gegen die Annahme einer durchgängigen kausalen Bestimmtheit verfochten. Die letzte Theorie, Determinismus genannt, hat aber Fichte bis 1790 vertreten, und ihre Überwindung durch die Lektüre Kants war Fichtes große, befreiende Entdeckung. Auch in Wittenberg hat Fichte studiert. Neben der Theologie hat er nach eigenen Angaben *juristische Collegia* gehört.[10] Etwa 1784 scheint Fichte das Studium abgebrochen zu haben.

Die Studienzeit ging über in eine Zeit des Hauslehrerdaseins; möglicherweise hat Fichte während dieser Zeit noch sporadisch studiert. Die Hauslehrertätigkeit diente dem Broterwerb. Fichte hatte die Unterstützung der Familie von Miltitz verloren. Ernst Haubold, sein «Entdecker», war gestorben, noch bevor Fichte in Pforta eingeschult worden war. In der späteren Zeit erbittet Fichte von der Witwe von Miltitz Verzeihung[11]; sie scheint ihm die Unterstützung entzogen zu haben. Fichte sagt nicht genau, wofür er sich entschuldigt. Fichte hat als Hauslehrer in Zürich einige Male über den Durst hinaus getrunken, und man kann daher vermuten, daß er schon als Student ab und zu tief ins Glas geschaut hat, aber wegen gelegentlicher Räusche wird Fichte kaum so angelegentlich um Verzeihung gebeten haben.

Hauslehrertätigkeit war kein Beruf. Wenn die Kinder es bis zu gewissen Zielen gebracht hatten, endete die Tätigkeit. Bitt- und Bettelbriefe mußten geschrieben werden, bis sich ein neuer Prinzipal fand. Fichte kam in

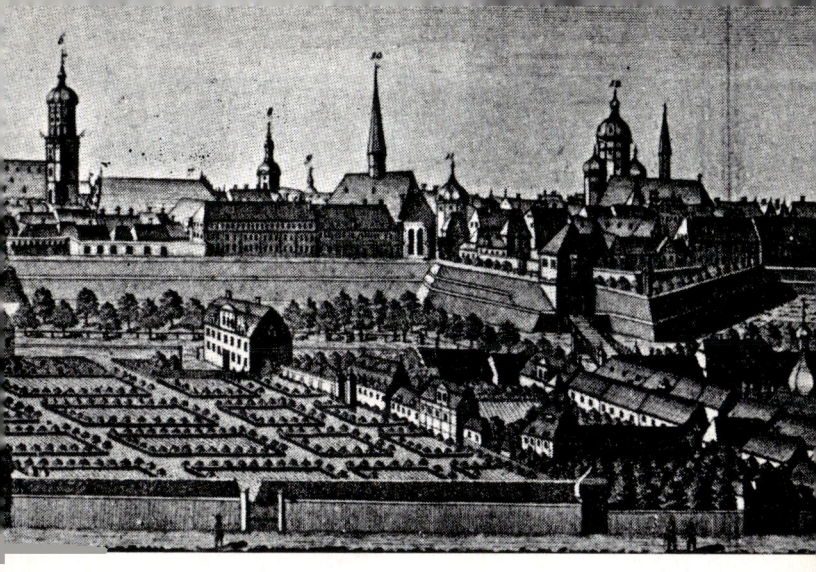

eine ausweglos erscheinende Klemme: Der Verdienst war zu gering, um Rücklagen für einen Studienabschluß zu bilden; die Tätigkeit beanspruchte ihn so weit, daß er nicht nebenher sein Studium abschließen konnte. Einige Briefe Fichtes sind erhalten, in denen er sich um Unterstützung für einen Abschluß bemühte – letztlich erfolglos.

Wiederum ist eines legendären Zugs in Fichtes Leben zu gedenken. Im Frühjahr 1788 waren alle Mittel aufgezehrt, und es bot sich dem inzwischen Sechsundzwanzigjährigen keine Aussicht auf irgendeinen Erwerb. Fichtes Sohn deutet vorsichtig an, daß sich sein Vater mit Suicidgedanken trug. Da wurde er am Vorabend seines Geburtstags dringlichst zu dem Steuereinnehmer und Verfasser des «Kinderfreund» Christian Felix Weiße in Leipzig gebeten, der ihm eine Stelle als Hauslehrer in Zürich antrug. Fichte sah dieses Angebot als ein Werk der Vorsehung an und dankte Weiße tiefgerührt. Diesem blieb die Bewegtheit des jungen Mannes nicht verborgen; er erforschte deren Ursachen und half Fichte über die drei Monate, die bis zum Antritt der Stelle noch zu überbrücken waren, hinweg. Fichte besuchte in diesen Monaten seine Familie in Rammenau. Hier scheint es zu massiven Auseinandersetzungen zwischen Fichte einerseits sowie der Mutter und einigen Geschwistern andererseits gekommen zu sein. Diese haben Fichte vorgeworfen, sein Vater habe mehr, als ihm zustehe, an ihn gewendet. Die Vorwürfe müssen Fichte hart getroffen haben; das Studium hatte ja nicht zu einer Lebensstellung geführt, und die Unterstützung der Familie von Miltitz war nicht ohne eigene Schuld verloren. Als Fichte nach Zürich aufbrach, hatte er nur zu seinem

Ernst Platner. Kupferstich von J. F. Bause nach einem Gemälde von Anton Graff

Vater und zu seinem Bruder Gotthelf ein gutes Verhältnis, von der übrigen Familie schied er im Zorn.

Fichte reiste, bisweilen zu Fuß, von Rammenau nach Zürich. Über diese Zeit sind wir durch einige Nachlaßstücke und Briefe wenigstens in groben Zügen unterrichtet. Fichte war von Antonius Ott, dem Eigentümer des «Gasthofs zum Schwert», angestellt worden. Dieser gehörte zur Oberschicht Zürichs; in seinem Gasthof stieg alles, was Rang und Namen hatte, beim Besuch Zürichs ab, Vater Mozart mit Kindern ebenso wie Goethe und viele andere. Die Familie Ott hatte von ihren sechs Kindern vier früh verloren, ein Umstand, dem es zugeschrieben wird[12], daß die Liebe der Eltern zu den beiden überlebenden Kindern Konsequenz in der Erziehung vermissen ließ. Von dort her schon versteht sich, daß Fichte im Hause Ott nicht glücklich geworden ist. Das Verhältnis der Eltern Ott zu Fichte gestaltete sich alsbald unerfreulich, wobei diese jenem das Trinken vorwarfen, jener diesen ihre Erziehungsfehler vorhielt. Kurz

*Christian Felix Weiße. Kupferstich von J. F. Bause
nach einem Gemälde von Anton Graff*

und gut, nach mehrmaligen Auseinandersetzungen beschloß man, den Vertrag Ende März 1790 zu lösen. Fichte hatte sich bei Familie Ott nicht als gewandter Weltmann gezeigt, eher war sein Auftreten bäurisch: gerade bis zum Sturen und bisweilen grob bis zur Trunkenheit. Aus seinen Überlegungen zur Erziehung aber ist zweierlei bemerkenswert: Fichte legte Wert darauf, daß nicht mechanisch auswendig gelernt, sondern begriffen wird. Man erinnert sich des kleinen Johann Gottlieb, der die Predigt ja auch nicht herleierte, sondern sinngemäß wiedergeben konnte. Dieses Prinzip galt Fichte besonders für die Unterweisung in der Religion und Moral. Ferner notiert er zur Erziehung der Tochter Ott: *Selbstdenken, selbsturteilen, ist Vorrecht des Menschen, als Mensch, und nicht des Geschlechts, und die höchste Quelle seines Glücks.*[13] Hier zeigt sich Fichte durchaus als Aufklärer; Kant hatte als Wahlspruch der Aufklärung formuliert: «Habe Mut dich deines eigenen Verstandes zu bedienen!»[14] und hatte damit nicht nur die Personen männlichen Geschlechts angeredet, sondern die Menschen als solche. Kants Formulierung lag in der Luft, und sein Aufklärungsaufsatz, in dem er so formulierte, war einer der meistgelesenen seiner Zeit. Fichte konnte seinen Gedanken ohne Kenntnis des Kantischen Aufsatzes formulieren. Wie dem auch sei, jedenfalls zeigen sich hier, wenn auch ohne nähere philosophische Begründung zwei Gedanken, an denen Fichte festhalten wird, die Aufforderung zum Selbstdenken und damit die Verwerfung mechanischen Auswendiglernens. Selbstdenken soll, so Fichte, geübt werden, um Vorurteil, unbe-

Lavater. Zeichnung

Zürich. Holzschnitt

gründeter Furcht und Aberglauben zu entgehen, mit anderen Worten das eigene Urteil befreit und ist damit Quelle des Glücks. Selbstdenken ist Freiheitsvollzug; dieser Gedanke wird, sobald Fichte durch Kants Kritiken die gedanklichen Mittel kennenlernt, philosophische Begründung erhalten, die hier noch nicht einzusehen ist. Fichte selbst hat diese Dimension in Zürich nicht erkannt; er hat einen strikten Determinismus vertreten, demzufolge alles, was geschieht, durch eine Ursache bestimmt ist. Theorie und Praxis waren noch nicht zur Einheit gebracht.

Von den Personen, die Fichte in Zürich kennenlernte, sind neben dem Pfarrer und Schriftsteller Johann Kaspar Lavater der Wagmeister Hartmann Rahn und dessen Tochter Marie Johanna zu nennen. Rahn stammte aus einer alten Zürcher Familie, war Kaufmann und als Wagmeister Beamter der Stadt Zürich. In jungen Jahren hatte er sich für den Dichter Friedrich Gottlieb Klopstock begeistert, diesen kennengelernt und seine Schwester geheiratet. Nach deren frühen Tod im Jahre 1780 führte die älteste Tochter, damals 25 Jahre alt, das Haus. Dieses war ein gesellschaftlicher Treffpunkt Zürichs, und dort verkehrte auch Fichte. Zu Beginn des Jahres 1790, also etwa ein Vierteljahr vor Fichtes schon festgesetzter Abreise, wurden die Beziehungen zu Johanna Rahn enger. Briefe wurden gewechselt, später traf man sich, alles heimlich. Das erste Briefchen scheint Johanna geschrieben zu haben. Bis auf ein Bruchstück haben sich die Briefe Johannas nicht erhalten, dafür die Fichtes. Je näher der Abschied rückte, desto offener sprach Fichte, desto drängender, soweit man aus Fichtes Briefen rückschließen kann, wurde Johanna. Die Fünfunddreißigjährige ist nicht Fichtes erste Liebe, aber er findet etwas bei ihr, das ihn ganz für sie einnimmt: er kann zu ihr offen sprechen.[15] Fichte verliert bei Johanna sein Mißtrauen gegen ihr Geschlecht, ein Mißtrauen, das er durchschaut als eines gegen sein eigenes Talent, dem anderen Geschlecht zu gefallen.[16] Er enthüllt seinen Stolz, der keine milden Gaben, sondern Anerkennung sucht[17], der ihm verbietet, Unterstützung seiner Eltern anzunehmen, insbesondere, da er sich von seiner Mutter nicht angenommen weiß. Voll und ganz angenommen aber fühlt er sich von Johanna, so sehr, daß sie ihn *zum Kinde gemacht* hat.[18] Was Fichte sein Leben lang entbehren mußte, wird ihm hier zuteil, die volle Anerkennung durch eine Frau. Fichte besitzt, wie das einzig erhaltene Brieffragment Johannas mitteilt, ihr «ganzes Herz»[19].

Eine ältere charakterologische Studie[20] bestätigt das Moment der Anerkennung, deutet aber die Anerkennung, die Fichte bei Johanna fand, als Befriedigung des Stolzes und der Eitelkeit des hochbegabten sozialen Aufsteigers; Fichtes Stolz ist ihm selber nicht verborgen geblieben, und sein Bestreben, Zutritt zur ersten Gesellschaft zu erlangen, schlägt sich deutlich in seinen Briefen nieder. Die Studie irrt jedoch darin, daß sie die erste Verstörung Fichtes in seiner Versetzung aus dem dörflich-bäuerischen Milieu in das adelige sieht, wohingegen Fichte selbst die mangelnde Mutterliebe als frühesten Schmerz benennt.

In den Zürcher Briefen sprechen sich die Liebenden mit Sie an, der erste Brief nach der Abreise enthält auch das erste Du. Johanna teilt später mit, man habe sich vor Fichtes Abreise verlobt.

In Zürich ist für Fichte Entscheidendes geschehen. Ein Indiz dafür ist die Änderung der Handschrift, die Hans Jacob, einer der Herausgeber der Gesamtausgabe, bemerkt hat.[21] Sie fällt ins Frühjahr 1790. Was Fichte geschehen ist, hat er naturgemäß nicht aus philosophischen Prinzipien reflektiert; aber er hat etwas erfahren, das er später, 1796, durchaus reflektiert, daß nämlich der Mensch nur ich zu sich sagen kann, weil er in Freiheit zur Freiheit aufgerufen ist, oder – mit anderen Worten – weil er anerkannt ist. Fichte hat grundlegende Erfahrungen gemacht oder formuliert, Erfahrungen von Freiheit, sei es im Selbstdenken, sei es in der Anerkennung. Seiner Theorie nach war er noch Determinist; es konnte aber nicht mehr lange dauern, daß diese Theorie abgeworfen werden mußte.

Dies sollte in Leipzig geschehen. Fichte war über Stuttgart und Weimar dorthin gelangt. Wieder war er in Not. Er, der in Zürich Johannas Unterstützung abgelehnt hatte, mußte eine erbitten. Neue Bettelbriefe wurden geschickt; Fichte mußte gar seine Kleider versetzen. Als ein Student Unterricht in Kantischer Philosophie bei Fichte nehmen wollte, ergriff er selbstverständlich diese Möglichkeit des Broterwerbs – und findet die Philosophie, die ihn seine Lebensführung begreifen ließ.

Fichtes Kant-Studium ist erstaunlich, geradezu legendär. Zum erstenmal taucht der Name Kant in einem datierten Brief am 12. August 1790 auf[22]; Ende September hat Fichte die drei Kritiken sowie den Aufsatz gegen Eberhardt gelesen und trägt sich mit dem Gedanken einer deut-

Kupferstich von L. Friedrich mit nachträglich beigefügtem Faksimile der Signatur Johanna Fichtes

licheren Darstellung der «Kritik der Urteilskraft». Den Unterricht über die «Kritik der reinen Vernunft» dürfte Fichte Ende Juli, Anfang August begonnen haben. Was ihn für Kant begeistert, ist die «Kritik der praktischen Vernunft»: *Ich lebe in einer neuen Welt, seitdem ich die Kritik der praktischen Vernunft gelesen habe.*[23] Diese ist aber ohne die erste Kritik nicht verständlich.[24] Wenn es jedoch am 12. August heißt, daß *Kopf und Herz* bei dem Kant-Studium gewönnen[25], so dürfte Fichte hier schon bei der zweiten Kritik angelangt sein. Wenn man wenigstens einige Tage für deren Studium ansetzt, so hätte Fichte in etwa zwei bis vier Wochen die erste Kritik durchgearbeitet. Etwas daran ist legendär, entweder Fichtes Fähigkeit, schwierigste philosophische Texte durchzuarbeiten, oder unsere Datierung. Zu fragen wäre immerhin, ob nicht doch Fichtes Frau aus ihrer Erinnerung richtig berichtet, Fichte habe in Zürich Kant studiert. An seinen Freund aus Zürcher Tagen Achelis schreibt Fichte: *Ich warf mich in die Philosophie, und das zwar «nota bene!» – wie es sich versteht – in die Kantische.*[26]

Appelliert nicht der Einwurf *wie es sich versteht* an eine gemeinsame Kenntnis der Kantischen Philosophie? Daß Fichte nicht schon früher von Kant spricht, würde sich zwanglos daraus erklären, daß ihn erst die zweite Kritik entflammte. Wie dem auch sei, Fichtes Leistung ist enorm, und festzuhalten ist, daß es die praktische Philosophie war, die in Fichte eine Revolution[27] bewirkte.

Kants Philosophie auch nur im Rahmen einer Monographie wie dieser darzustellen ist ein – von Uwe Schultz glänzend gelöstes – Kunststück; auf wenigen Seiten kann man aber nur auf einen Grundgedanken dieser Philosophie hinweisen. Ohnehin muß demjenigen Leser, der sich zum Studium der Fichteschen Wissenschaftslehre entschließt, dringend geraten werden, dieses Studium mit dem der Kantischen Kritiken zu beginnen.

Kant hatte auf Fichte so vehement gewirkt, weil er seinen Determinismus gründlich zerstörte. Fichte konnte an das glauben, was er schon gefühlt hatte, an Freiheit. Er erkannte auch, warum er dem Determinismus anhing und nicht abschwören konnte: Er trug Johanna auf, ihrem Vater zu sagen: *... wir hätten uns bei unsern Untersuchungen über die Notwendigkeit aller menschlicher Handlungen, so richtig wir auch geschlossen hätten, doch geirrt, weil wir aus einem falschen Prinzip disputiert hätten. Ich sei jetzt gänzlich überzeugt, daß der menschliche Wille frei sei, und daß Glückseligkeit nicht der Zweck unseres Daseins sei, sondern Glückswürdigkeit.*[28]

Fichte benennt hier wichtige und für ihn bleibende Einsichten. Bislang hatte er vertreten, daß die menschlichen Handlungen gemäß dem Prinzip von Ursache und Wirkung mit Notwendigkeit erfolgen; damit war jede Freiheit des Willens geleugnet. Kant brachte hier die Lösung. Menschliche Handlungen sind für ihn einerseits beobachtbare Tatsachen, sei es, daß wir die Äußerungen unserer Mitmenschen, sei es, daß wir unsere eigenen seelischen Vorgänge beobachten. In der Haltung des Zuschauers betrachten wir sie als Erscheinung der Natur. Diese aber ist nach Kant ein gesetzmäßiger Zusammenhang eben dieser Erscheinungen, und somit läßt sich in ihr keine Freiheit denken. Ausdrücklich erklärt Kant, daß jegliche menschliche Handlung, wenn alle Motive bekannt wären, naturgesetzlich erklärt werden könnte. In dieser Hinsicht erscheint menschliches Tun als notwendiges Streben nach Glück.

So oder ähnlich wird auch Fichte gedacht haben. Das Prinzip dieses Denkens nennt er jetzt falsch. Es liegt auf der Hand, daß dieses Prinzip dann, wenn es einzig und ausschließlich gilt, keine Freiheit zuläßt. Kant aber hatte die einzige und ausschließliche Geltung dieses Prinzips durch

Titelseite der Erstausgabe

die Einführung eines zweiten Prinzips außer Geltung gesetzt. Das angeführte Prinzip gilt für die Natur und alle Vorgänge, die wir als Naturvorgänge ansehen können, das sind alle zeitlichen Abläufe, also auch unsere seelischen Bewegungen. Dieses Prinzip gilt aber nicht, insofern wir uns als praktische Wesen, als solche, die sittlich und rechtlich verbindlich handeln sollen, betrachten. Die Verpflichtung zu solchem Handeln tritt ohne jede weitere Bedingung ins Bewußtsein; insbesondere verhält sie sich dem Streben nach Glück gegenüber gleichgültig. Diese Gleichgültigkeit verbietet das Glück nicht, sie verlangt nur die Erfüllung der Pflicht, gleich ob das handelnde Individuum dabei glücklich wird oder nicht. Das Bewußtsein der Pflicht setzt den Menschen von den notwendigen Zusammenhängen der Natur frei. Es verheißt ihm kein Glück, sondern verlangt, daß er sich des Glücks würdig erweist.

Im Bewußtsein der Pflicht wird ein zweites Prinzip sichtbar, das Prinzip Freiheit. Dieses zeigt sich in der Reflexion darauf, was denn die Pflicht begründe – nichts weiter als die Vernunft selbst. Wenn nämlich die Vernunft unbedingt gebietet, so muß sie selber den Charakter der Unbedingtheit, den ihr Gebot hat, an sich haben. Sie gebietet aus sich selbst und ist damit frei. Die Selbstgesetzgebung der Vernunft nennt Kant deren Autonomie. Sie ist zu vergleichen mit der staatlichen Autonomie. Nicht derjenige Staat ist frei, in dem jeder tun und lassen kann, was er möchte, sondern derjenige, in dem die Bürger sich das Gesetz selber geben. Wie der Freiraum, den der Bürger nach Belieben gestalten kann, erst durch die Gesetzgebung entsteht, so ist auch die Wahlfreiheit gegenüber der Pflicht und erst recht gegenüber der diese begründenden Vernunft das Sekundäre.

Der Befund, der sich in der «Kritik der praktischen Vernunft» zeigt, nämlich daß Vernunft wesentlich freie Gesetzgebung, anders: Gesetzgebung aus sich selbst ist, dieser Befund zeigt sich auch in den beiden anderen Kritiken, freilich in je besonderer Weise. Fichtes Entdeckung, die er bei der Kant-Lektüre machte, war die der Freiheit der Vernunft. Sie hat ihn in eine neue Welt versetzt[29], in die Welt der Freiheit. Die Welt, in der er lebte, hatte Fichte schon, bevor er nach Zürich ging, hart kritisiert[30]; in der neuen Philosophie sieht er das Mittel der Besserung. Sie zerstört die nicht nur von Fichte ehedem, sondern auch allgemein angenommene Theorie von der Notwendigkeit und Unfreiheit menschlichen Handelns, die jegliche Unmoral legitimiert. Die kritische Philosophie gibt den Menschen ein besseres Selbstverständnis und damit die Möglichkeit besseren Handelns.

Die Kenntnis der Kantischen Philosophie war für den Philosophen Fichte entscheidend, sie hat ihm überhaupt erst Philosophie zum Lebensinhalt gemacht. Zugleich holte Fichte auf der theoretischen Ebene ein, was er jüngst erfahren hatte: Anerkennung. Erst, wer sich als frei begreift, kann Anspruch auf Anerkennung machen. Im Begreifen eigener Freiheit aber liegt eine Selbstanerkennung, die der Anerkennung durch Andere voraufliegt, und dies in doppelter Hinsicht: zum einen erkennt sich das Individuum als frei an, zum anderen ist ihm im Sittengesetz ein Kriterium der Anerkennung der durch die Pflicht aufgetragenen Handlungen gegeben, das keiner weiteren Anerkennung bedarf. Im pflichtgetreuen Handeln konnte Fichte nun sich selbst Anerkennung erwerben.

Es müssen Wochen gewaltiger Befreiung für den nunmehr Achtundzwanzigjährigen gewesen sein, in denen er Kant intensiv studierte. Trotz unveränderter Not ist der Ton der Briefe auf einmal froh, heiter und hoffnungsvoll. Fichte ist noch nicht der Mann, der in die Philosophiegeschichte eingeht, aber er ist zu sich selbst gekommen.

Krise und Glück

Fichte hat sich Kant gründlich zu eigen gemacht. Im Nachlaß finden sich Auszüge aus den Kritiken der reinen Vernunft und der Urteilskraft. Fichte hat im Herbst 1790 daran gearbeitet, während er zum Broterwerb die Kinder eines Leipziger Kaufmanns unterrichtete. Diese Tätigkeit dauerte bis zum Frühjahr 1791; dann wollte Fichte zur Hochzeit nach Zürich reisen. Bis dahin hoffte er, sich durch eine Veröffentlichung, nämlich eines erklärenden Auszugs aus Kants «Kritik der Urteilskraft», einen Namen gemacht zu haben. Es war wohl nicht nur Fichtes Stolz, der ihn nach literarischem Erfolg streben ließ, sondern auch die Überlegung, daß ein eingeführter Schriftsteller seine Familie besser ernähren könne als ein Neuling. Diese Überlegung war notwendig geworden; denn Vater Rahn hatte sein Vermögen «durch den Bankrott eines Geschäftsmannes, dem Hartmann Rahn Geld anvertraut hatte»[31], verloren. Ein Teil des Vermögens konnte später gerettet werden, aber vorerst waren die Aussichten sehr trübe. Davon wußte Fichte am 1. August 1790.[32] Er bemühte sich zunächst, sein Werk voranzutreiben und einen Verleger zu finden. Am 1. März 1791 meldete Fichte nach Zürich, der erste Teil sei *in den Klauen der raubgierigen Buchhändler*[33]. Vier Tage später schrieb Fichte seinem Bruder Gotthelf, seine Schrift werde wohl nicht erscheinen, weil sie unvollendet sei.[34] Die zweite Mitteilung ist glaubwürdiger; zwischen den beiden zitierten Briefen besteht nämlich eine erhebliche Differenz. Fritz Medicus nennt den Brief an den Bruder den «rätselhaftesten»[35] aller Fichte-Briefe. Worin besteht das Rätsel?

Der erste Brief ist in durchaus liebevollem Ton gehalten und kündigt die Abreise nach Zürich für Anfang April an. Im zweiten Brief redet Fichte mit großer Kälte von Johanna und meldet dem Bruder seine Unentschlossenheit, nach Zürich zu reisen. In der Tat geht Fichte nicht nach Zürich, sondern schreibt einen Abschiedsbrief an Johanna, in dem er ihr empfiehlt, ihr Herz einem Würdigeren zu schenken[36], und verschwindet ohne weitere Nachricht über seinen Verbleib aus Leipzig. Der Umschwung in Fichtes Gesinnung gegen Johanna ist nicht zwischem dem 1. und 5. März erfolgt; schon am 1. März deutet er Johanna an, daß er in Leipzig festgehalten werden könnte. Zudem zeichnet er ein so übles Bild des eigenen Charakters, daß man darin die Vorbereitung der Empfehlung, einen Würdigeren zu wählen, sehen kann. Daneben aber liest man: *Ist es wahr, oder ist es ein süßer Traum, daß ich dem Einzigen, dem süße-*

sten Glücke meines Lebens so nahe bin, die herrlichste Seele, die unter allen Seelen für mich auserwählte, und vom Schöpfer mir bestimmte Seele zu besitzen; sie mein zu nennen; daß mein Glück, meine Ruhe, der Gegenstand ihrer Wünsche, ihrer Sorgen, ihres Gebets sein wird? Könnte ich Dir doch meine Empfindungen so heiß hingießen, wie sie in diesem Augenblick meine Brust durchströmen, und sie zu zerreißen drohen![37]

Vier Tage später heißt es: *Unter den Häusern, mit denen ich in Zürich sehr genau bekannt war, war das, eines Mannes von ohngefähr 70 Jahren, der mit dem besten Herzen viel Kenntnisse und eine ungeheure Welt- und Menschenkenntnis vereinigte. Dieser Mann wurde durch einen vertrauten Umgang mit mir in die schönen Zeiten seiner Jugend zurückversetzt. Er liebte mich, als ein Vater; und verehrte mich höher, als es meine Verdienste, oder seine Jahre eigentlich erlaubten. Dieser Mann hatte eine einzige Tochter, die unter seinen Augen aufgewachsen war; die noch nichts gefühlt hatte, als innige Verehrung dieses Vaters, und die von Jugend auf gewohnt war, alles mit den Augen des Vaters anzusehen. War es ein Wunder, daß, ganz ohne mein Zutun, der Liebling des Vaters auch der der Tochter wurde? Welche Mannsperson ist nicht scharfsinnig genug, Empfindungen von der Art bald zu entdecken, die noch dazu mir eben nicht verhohlen wurden? Mein Herz war leer, Charlotte Schlieben war schon längst daraus vertilgt. Ich ließ mich lieben, ohne es eben zu sehr zu begehren.*[38] Fichte sieht sich eher als Geliebten, denn als Liebender. Ganz jedoch kann man Fichte hier nicht folgen. Seine Züricher Briefe an Johanna zeigen, wenn man nicht unterstellen will, daß er sich völlig verstellt habe, wie sehr er sich im Glanz der Liebe Johannas sonnt. Etwa zwei Monate nach den hier besprochenen Briefen ist Fichte im Elternhaus. In sein Tagebuch trägt er ein, er habe seine Zürcher Geschichte *ziemlich aufrichtig* erzählt.[39] Was ihn im Mai an völliger Aufrichtigkeit hinderte, dürfte auch im März schon ein Hindernis gewesen sein. Zudem zeigt sich sehr deutlich, wie Fichtes Bild der Familie Rahn von dem des Elternhauses bestimmt ist. Fichte fand in Hartmann Rahn einen zweiten Vater, die Frau des Hauses, um sieben Jahre älter als Fichte, erschien durch diese Umstände in der Rolle einer Mutter.

Schlicht unwahr ist die nächste Passage des Briefs an Gotthelf: *Ich reise von Zürich ab, nachdem wir einander unbestimmte Versprechungen gemacht, und einen beständigen Briefwechsel verabredet hatten. Dieser Briefwechsel wurde von ihrer Seite immer dringender, und zärtlicher. Endlich – und das fiel in jene Periode meiner Philosophie, meiner hohen Seelenruhe und meiner gänzlichen Gleichgültigkeit gegen allen Glanz der Welt – schrieb sie mir, ich solle, da meine Aussichten scheiterten, zu ihr nach Zürich kommen; das Haus ihres Vaters, und ihre Arme stünden mir offen. Ich besann mich in meiner damaligen Stimmung keinen Augenblick Ja zu sagen.* Nach Johannas Darstellung hat Fichte sich in Zürich verlobt, welcher Darstellung auch der Wechsel der Anrede in den Briefen vom Sie aufs Du entspricht.

Hören wir weiter: *Noch erwartet sie mich in der Mitte des Aprils, und will sich sogleich bei meiner Ankunft mit mir verheiraten. Ihr Vater hat mich in dem zärtlichsten Briefe eingeladen. Sie selbst ist die edelste, trefflichste Seele; hat Verstand, mehr als ich, und ist dabei sehr liebenswürdig; liebt mich, wie wohl wenig Mannspersonen geliebt worden sind. Sie ist nicht ohne Vermögen, und ich hätte die Aussicht einige Jahre in Ruhe mein Studieren abzuwarten, bis ich entweder als Schriftsteller oder in einem öffentlichen Amte, welches ich durch die Empfehlung einer Menge großer Männer in der Schweiz, die sehr viel von mir halten, und die Korrespondenz in alle Länder Europas haben, wohl erhalten könnte, selbst ein Hauswesen unterhalten könnte. – Ich bin seit Michaelis fest entschloßen gewesen, diesen Antrag zu ergreifen; und noch da ich meinen letzten Brief schrieb, war ich der Meinung, und schrieb daher, daß ich zu Ostern nach der Schweiz gehen würde.* Fichte ist sich also der Vorteile einer Verbindung mit Johanna wohl bewußt und – vor allem – er schätzt Johanna nach wie vor.

Nun kommt er zum Gegenargument: *Aber von einer andern Seite hat eine gewiße Begebenheit wieder meinen ganzen Durst in die Welt hinaus aufgeweckt; ich liebe die Sitten der Schweizer nicht, und würde ungern unter ihnen leben, es ist immer eine gewagte Sache, sich zu verheiraten, ohne ein Amt zu haben; und endlich fühle ich zu viel Kraft und Trieb in mir, um mir durch eine Verheiratung gleichsam die Flügel abzuschneiden, mich in ein Joch zu fesseln, von dem ich nie wieder loskommen kann, und mich nun so gutwillig zu entschließen, mein Leben, als ein Alltagsmensch vollends zu verleben.* Die zu Anfang der Stelle erwähnte Begebenheit kennen wir nicht näher. Was die Schweizer Sitten angeht, so werden sie wohl keinen Liebenden zurückhalten können. Was Fichte aber wohl zurückhält sind die Befürchtungen, die er jetzt äußert: daß er sich die Flügel abschneide und sich in ein Joch fessele, aus dem es kein Entkommen gibt. Diese Züge, die sich hier zeigen, passen so ganz und gar nicht in das Bild des geraden, aufrichtigen und unerschrockenen Kämpfers Fichte, das uns überliefert ist. Fichte hat Angst. Diese zeigt sich nicht erst im März 1791. Varianten zu den hier gebrauchten Bildern vom Flügelabschneiden und von der Fessel sind Fichte schon in Zürich aus der Feder geflossen. Am 15. März 1790 schrieb er an Johanna: *Sie haben ein Geheimnis, ein unerklärliches Geheimnis, immer stärker, und fester an sich zu ketten.* Kette und Fessel entsprechen einander. Einige Zeilen weiter liest man: *... so wie ich Sie näher kennenlernte, zog mein Verstand und mein Herz mich immer näher zu Ihnen hin, und jetzt – zieht sich die Schlinge immer fester zu.*[40] Die Bilder ergänzen sich: Der Vogel sitzt in der Schlinge, und ihm werden die Flügel abgeschnitten.

Daß Fichte Angst hat, spricht nicht gegen seinen bekannten Mut. Und hatte Fichte nicht Grund zur Angst, da er doch von der ersten Frau seines Lebens, der Mutter, nicht angenommen war, und da die Verhältnisse in Zürich so sehr an ein Elternhaus erinnerten? – Fichte floh.

In Warschau war ihm eine Hauslehrerstelle angeboten worden. Am 28. April trieb ihn *die Begierde meiner Zürcherin ... und eigentlich die, meinem Gewissen zu entfliehen* aus Leipzig hinaus.[41] Auf dieser Reise machte er den schon erwähnten Besuch im Elternhaus, zu dem er sich

Kant. Gemälde um 1790

durch zwei Brüder, die er in der Nähe Rammenaus getroffen hatte, bitten ließ. Am 7. Juni erreichte Fichte Warschau, gefiel seinen vorgesehenen Prinzipalen ebensowenig als diese ihm gefielen, und verließ am 25. Juni Warschau in Richtung Königsberg, wo er am 1. Juli eintraf.

Am 4. Juli ist er bei Kant, der ihn *nicht sonderlich aufnahm*[42]. Anschließend hospitierte er bei ihm und fand den alten Herrn schläfrig. Unter dem 10. Juli berichtet das Tagebuch: *Schon lange wollte ich Kant ernsthafter besuchen, und fand kein Mittel. Endlich fiel ich drauf eine Kritik aller Offenbarung zu arbeiten, und sie ihm zu dedicieren. Ich fing ohngefähr den 13. damit an.* Am 18. August schickte Fichte seine Schrift Kant und besuchte ihn fünf Tage später. Eine Notiz zur Vorbereitung des Besuchs von Fichtes Hand hat sich erhalten.[43] Als mögliche Fälle zieht Fichte in Betracht, Kant habe überhaupt nicht oder nicht das ganze Manuskript gelesen, er finde Fichte nicht auf dem rechten Wege, oder er werde ihn fragen, was er mit der Vorlage des Manuskripts beabsichtige. Daß Kant sich zufrieden zeigen könne, scheint Fichte nicht erwartet zu haben. Über den Besuch bei Kant aber kann Fichte notieren: *Er empfing mich sehr gütig, und*

und schien sehr wohl zufrieden. Am 26. August wurde Fichte von Kant zum Mittagessen eingeladen; zwei Tage später stellte er fest, daß sein Geld fast ganz verbraucht war. Er eröffnete in einem Brief vom 2. September Kant seine Lage und bat um ein Darlehen. Tags darauf wurde Fichte zu Kant eingeladen, der erklärte, ihm in der erbetenen Weise nicht helfen zu können. Drei Tage später wurde Fichte nochmals zu Kant gebeten; dieser hatte die ersten Seiten der Offenbarungskritik gelesen und fand auf Grund derselben das Manuskript publikationswürdig. Kant schlug Fichte vor, sein Manuskript an den Verleger Hartung in Königsberg zu verkaufen, und schrieb in dieser Sache an den ihm befreundeten Schwager des Verlegers; insbesondere komme es darauf an, daß Fichte ein Honorar sofort bei Ablieferung erhalte. Die Annahme des Manuskripts zog sich zwar noch hin, da Hartung abwesend war, aber letztlich kam das Geschäft zustande.

Die Bedeutung des Gesprächs vom 6. September ist so leicht nicht zu unterschätzen. Kant hat Fichte nicht durch ein Darlehen von sich abhängig gemacht; statt dessen erkannte er Fichtes Arbeit an. Im Tagebuch lesen wir: Das Manuskript *sei gut geschrieben, meinte er, als ich von Umarbeitung redete. – Ist das wahr? und doch sagts Kant?*[44] Man spürt – das war die Erfüllung aller Träume. Philosophus ipse dixit. Kant urteilte nicht nur gut über die vorgelegte Arbeit, er förderte sie, und zwar in einer Weise, die Fichte auf die eigenen Beine stellte. – Eine Handlungsweise, die Kants Philosophie der Freiheit entspricht und zugleich sokratische Hebammenkunst verrät. Der Schriftsteller Fichte war zur Welt gebracht.

Das Königsberger Schloß. Vorne links: Kants Haus

Ansicht der Alten Universität zu Königsberg. Aquarell

Fichte hat noch bis in den Oktober hinein an der Offenbarungskritik gearbeitet und blieb auch im folgenden dieser Schrift gegenüber kritisch. Kant aber hatte ihm Mut gemacht und Selbstvertrauen eingeflößt, und Fichte ließ sich ermutigen, aus sich herauszugehen und zu publizieren.

Der *Versuch einer Kritik aller Offenbarung* ist Philosophie aus Kantischen Grundsätzen und aus Kantischem Geist. Die Frage nach der Möglichkeit von Offenbarung setzt die nach der von Religion überhaupt voraus, diese wiederum fällt in die praktische Philosophie. Kant hatte gelehrt, Moralität bestehe nicht im Streben nach Glück, sondern nach Glückswürdigkeit. Wenn aber die Vernunft die Glückswürdigkeit fordert, so fordert sie in eins damit, daß der des Glücks Würdige auch glücklich sein soll. Damit aber ist eine Einheit von Natur und Freiheit gedacht: und dies ist der Punkt, an dem Fichte über die Kantische Philosophie hinausgehen wird.

Fichtes Königsberger Tage waren bald gezählt. Sie hatten ihm neben Kants Protektion die Freundschaft Theodor von Schöns – später ein hoher preußischer Beamter – gebracht, dazu manche Bekanntschaft, darunter Kants Interpret, der Hofprediger und Mathematiker Johann Schultz. Dieser hatte Fichte eine Hofmeisterstelle in Krokow verschafft und sich damit zugleich einen jungen Mann vom Hals geschafft, dem seine Frau allzu schöne Augen machte. Ende Oktober reiste Fichte ab.

Etwa ein Jahr ist Fichte in Krokow bei Danzig geblieben; zunächst gefiel es ihm ausgezeichnet, vor allem die Gräfin von Krokow hatte es ihm angetan. Zur Mitte des Jahres 1792 hin trübte sich das Verhältnis; als Fichte dann die Stelle im Spätherbst verließ, hat sich sein Mißtrauen gegenüber dem weiblichen Geschlecht erneut bestätigt, nur Frau Schultz aus Königsberg nimmt er aus. In der ersten Zeit hat Fichte in Krokow wenig Philosophisches gearbeitet. Erst um die Jahresmitte begannen Arbeiten, aus denen Fichtes nächste Veröffentlichung erwuchs.

Inzwischen war Fichtes Erstling der Zensurbehörde, nämlich der Theologischen Fakultät der Universität Halle, vorgelegt, zuerst zurückgewiesen, dann nach einem Dekanswechsel zugelassen und zur Ostermesse 1792 veröffentlicht worden. Die erste Auflage erschien in mehreren Varianten, die besonders das Titelblatt betrafen, vermutlich ein schlauer Verkaufstrick des Verlegers. In Königsberg und Umgebung wurde die Schrift mit Fichtes Namen auf dem Titelblatt vertrieben, ansonsten ohne

Brief Fichtes an Kant, 1. Januar 1798

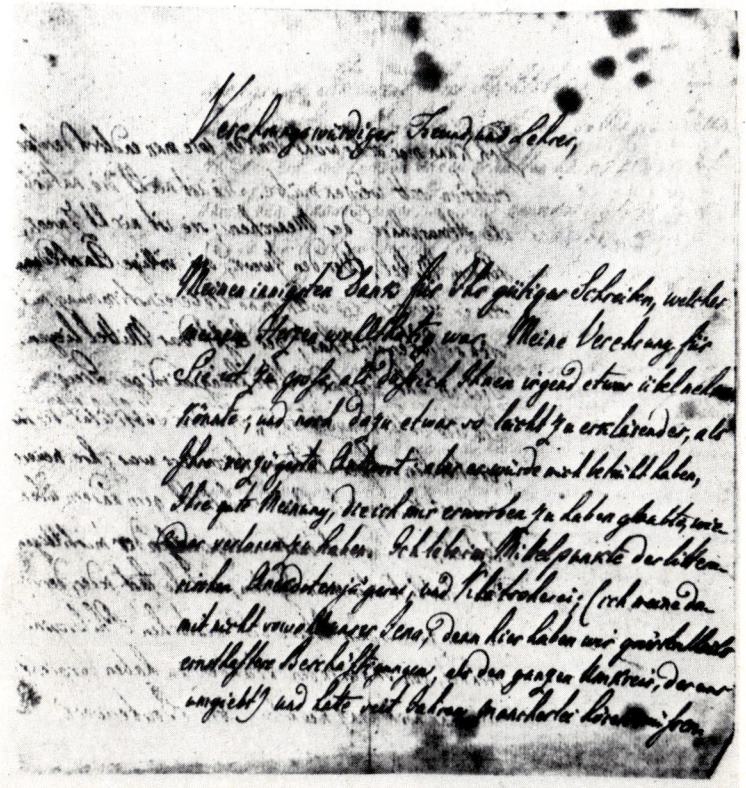

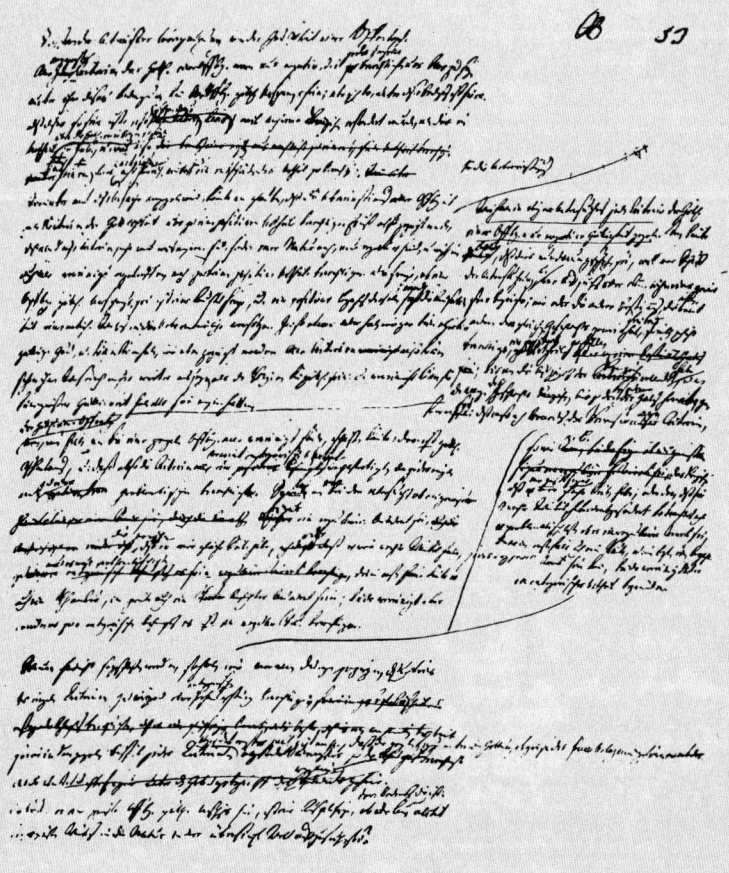

Manuskriptseite aus «Versuch einer Kritik aller Offenbarung»

Verfasserangabe. Wenn man dem Verleger eine Absicht unterstellen will, so war es folgende: Fichte hatte seine Schrift nicht nur aus Kantischen Grundsätzen, sondern auch in Kantischer Terminologie geschrieben. Von Kant aber wurde eine Veröffentlichung zur Religionsphilosophie allgemein erwartet. Die Absicht wäre also gewesen, Fichtes Werk als ein Kantisches erscheinen zu lassen. Die Anonymität hätte man sich in Deutschland leicht als Vermeiden eines Zusammenstoßes Kants mit der preußischen Zensur erklärt. – Wir sind ja in den Tagen des Wöllnerschen Edikts, das die Pressefreiheit, besonders religiöse Themen betreffend, eher einschränkte.

Und so geschah es denn auch. Weithin wurde das Werk für ein Kantisches gehalten. Zudem löste es eine Frage, die vielen, die sich zu Kants Philosophie bekannt hatten, auf den Nägeln brannte, nämlich ob sich nach Prinzipien der kritischen Philosophie überhaupt noch Offenbarung denken lasse. Diese Frage beantwortet Fichte mit einem klaren Ja. Der Jenaer Philosophieprofessor Karl Leonhard Reinhold beispielsweise, der Kant wie kein zweiter propagiert hatte, schreibt an seinen Freund Jens

Titelseite der Erstausgabe

Baggesen am 22. Juni, er habe durch die kritische Philosophie die Religion wiedergefunden, gleichwohl aber eine gewisse Kälte gegen diese in sich bemerkt. «Baggesen! dieses Rätsel ist nun aufgelöst», ruft er aus, «und (wünsche mir Glück!) die Veranlassung dazu gehoben. Ich weiß nun, daß ich nur die Hälfte der religiösen Überzeugung besessen habe, welche unsere philosophische Moraltheologie gewährt; ich weiß, daß mein Herz Recht hatte, durch diese Hälfte sich nicht ganz befriedigt zu finden; weiß nun daß Offenbarung möglich ist, und inwiefern sie möglich ist, begreife diese Möglichkeit aus der Natur der praktischen Vernunft, und glaube an die Göttlichkeit des Christentums im eigentlichsten Verstande. Dieses Wunder ist diese Woche durch ein Buch in mir bewirkt worden: Versuch einer Kritik aller Offenbarung ... Die Idee, der Plan und der größte Teil der wirklichen Ausführung ist sicher von ihm, dem großen Einzigen [Kant]. Weitschweifigkeiten, Wiederholungen und andere Nachlässigkeiten hindern mich, es ihm ganz zuzuschreiben, obwohl sie es nicht sollten; denn wahrscheinlich hat der große Mann, der nicht lange mehr zu leben hofft, und noch Vieles auszuführen wünscht, sehr geeilt. Seit den Evangelien hat die Religion keine solche Stütze, wie durch dieses Werk erhalten, und ohne dasselbe würde es auch mit den Evangelien in Kurzem schlimm ausgesehen haben.»[45]

Kant wurde nicht nur in privaten Mitteilungen, sondern auch öffentlich als Verfasser genannt. Die in Jena erscheinende «Allgemeine Literatur-Zeitung», die geradezu zur Verbreitung der kritischen Philosophie gegründet war, schrieb das Werk Kant zu. In deren Intelligenzblatt erschien am 30. Juni folgende Mitteilung: «Man hat es für Pflicht gehalten, das Publikum von der Existenz eines in aller Rücksicht höchst wichtigen Werkes zu benachrichtigen, welches diese Ostermesse unter dem Titel erschienen ist: *Versuch einer Kritik aller Offenbarung, Königsberg bei Hartung*. Jeder der nur die kleinsten derjenigen Schriften gelesen, durch welche der Philosoph von Königsberg sich unsterbliche Verdienste um die Menschheit erworben hat, wird sogleich den erhabenen Verfasser jenes Werkes erkennen!»[46] Am 23. Juli folgte im Intelligenzblatt eine kurze und in der Zeitung selbst am 18. Juli eine ausführliche Rezension. Fichte erfuhr dies Anfang August in Krokow, entschuldigte sich bei Kant sofort und beteuerte, keinen Anteil daran gehabt zu haben, daß sein Werk ohne Verfasserangabe erschienen war. Kant aber hatte seinerseits schon eine Erklärung an die «Allgemeine Literatur-Zeitung» geschickt, die in deren Intelligenzblatt vom 22. August erschien: «Der Verfasser des *Versuchs einer Kritik aller Offenbarung* ist der im vorigen Jahr auf kurze Zeit nach Königsberg herübergekommene, aus der Lausitz gebürtige, jetzt als Hauslehrer bei dem Herrn Grafen von Krokow, in Krokow in Westpreußen, stehende Kandidat der Theologie Herr Fichte; wie man aus dem in Königsberg herausgekommenen diesjährigen Ostermeßkatalog des Herrn Hartung, seines Verlegers, sich durch seine Augen überzeugen kann. Überdem habe ich weder schriftlich noch mündlich auch nur den mindesten Anteil an dieser Arbeit des geschickten Mannes, wie das Intelligenz-Blatt der A. L. Z. No. 82 drauf anspielt und halte es daher für

Schattenriß (undatiert)

Pflicht, die Ehre derselben dem, welchem sie gebührt, hiermit ungeschmälert zu lassen. I. Kant»[47]

Mit dieser honorigen Erklärung war Fichte mit einem Schlag einer der berühmtesten Schriftsteller Deutschlands, und wenn ein Zug in seinem Leben legendär und doch zugleich historisch zu belegen ist, so ist es die-

Karl Leonhard Reinhold. Kupferstich

ser, sein früher Ruhm. Fortuna goß, was sie lange in ihrem Füllhorn zurückbehalten hatte, mit einemmal über ihn aus.

Inzwischen begann in Krokow ein neues Werk zu entstehen: *Zurückforderung der Denkfreiheit von den Fürsten Europens, die sie bisher unterdrückten. Eine Rede.* Sie erschien im Frühjahr 1793. Etwas später folgte ihr der erste Teil des *Beitrag zur Berichtigung der Urteile des Publikums über die französische Revolution.* Deren zweiter Teil ist dann vor Mitte Februar 1794 erschienen. Beide Schriften erschienen anonym; diesmal war die Anonymität von Fichte gewollt, weil die Schriften politisch brisante Themen aufgriffen. Die erste Schrift tritt vehement für die Pressefreiheit ein, insbesondere veranlaßt durch Wöllners Edikt, die zweite versucht sich zum erstenmal in der Rechtsphilosophie. Fichte leitet hier das Recht aus dem Sittengesetz ab; dieses ge- oder verbietet und läßt eine Sphäre des Dürfens offen. Diese letzte nennt Fichte Recht. Damit hat nur das Sittengesetz Verbindlichkeit, nicht aber das Recht. Nach wenigen

Jahren wird Fichte diese Konstruktion aufgegeben haben. Auch diese Schriften wurden günstig aufgenommen und bald als Fichtesche erkannt. Reinhold nennt die Beiträge «das Beste, was ich über Naturrecht kenne»[48].

Die *Zurückforderung* wurde in Krokow begonnen, ob sie dort vollendet wurde, weiß man nicht. Von Krokow aus scheint Fichte Königsberg besucht zu haben, dann ist er bis zum März 1793 in Danzig, wo die *Zurückforderung* spätestens beendet worden sein muß, ebenso wie der erste Teil des *Beitrags*. Außerdem wurde hier die *Offenbarungskritik* zur zweiten Auflage vorbereitet und erweitert.

Fichte aber tat noch einen weiteren, für sein Leben entscheidenden Schritt; er schrieb etwa Anfang Dezember 1792 an Johanna Rahn. Der Brief ist nicht erhalten, offensichtlich aber bat Fichte Johanna um Verzeihung. Was Fichte zu diesem Schritt bewogen hat, wissen wir nicht. Ein gutes Gewissen hatte er jedenfalls gegenüber Johanna nicht. Umgekehrt war sein Selbstbewußtsein durch Kants Handlungsweise gefestigt und durch die Reaktionen der Öffentlichkeit bestätigt. Zudem hatte Fichte, der ja eher Geliebter als Liebender, also eher Empfangender als Gebender gewesen war, mit seiner Publikation die Erfahrung des Gebens gemacht, eine für ihn sehr ermutigende Erfahrung. Schließlich hat Fichte in Krokow seine Offenheit nicht angenommen gesehen, eine Offenheit, die nur bei Johanna rückhaltlos und ohne üble Folgen war. Wie dem auch sei, Fichte schrieb. Diesen Brief kreuzte einer Johannas an Fichte; nach Kants Erklärung war es diesem ja nicht mehr möglich, spurlos verschwunden zu sein. Johannas Brief deutet in rührenden Worten an, was sie seit der Trennung Fichtes erduldet; zu allem Leid um Fichte kam noch eine Krankheit des Vaters im Jahre 1791, die diesen an den Rand des Grabes gebracht hatte. Bei aller Deutlichkeit, mit der Johanna Fichte wissen läßt, daß sie für ihn da ist, verliert sie nicht ihre Haltung und Würde; sie läßt Fichte frei – der Brief verwendet wieder das distanzierende Sie.

Johanna hat Fichte vergeben; er blieb noch bis in den März in Danzig und reiste dann nach Zürich. Der Weg führte über Berlin nach Leipzig, wo Fichte zur Messe weilte, dann nach Jena, wo Fichte die Herausgeber der «Allgemeinen Literatur-Zeitung» aufsuchte. Gotha, Frankfurt, Stuttgart und Tübingen sind weitere Stationen. Die Briefe der Liebenden werden immer drängender. Johanna entpuppt sich als eine kleine Barnhelm; sie wollte Fichte ohne Dritte begegnen und schlug vor, sich eine Tagesreise vor Zürich – längere Abwesenheit erlaubte der Zustand des Vaters nicht – in einem Gasthaus zu treffen. Ganz so scheint es nicht gekommen zu sein; aus einer späteren Briefstelle geht hervor, daß sie Fichte auf der Brücke zu Eglisau wiedergesehen und, fast ohnmächtig, gerufen habe «c'est lui c'est lui!»[49]. – Mehr wissen wir nicht.

Ab Mitte Juni lebte Fichte in Zürich. Seine Adresse ist nicht, wie Johanna vorgeschlagen hatte, das «Schwert», sondern das «Waghaus», in dem Familie Rahn wohnte. Hier entstand der zweite Teil des *Beitrags*, während das Paar darauf wartete, daß die Formalitäten zur Hochzeit erledigt würden. Bis in den Oktober dauerte die Wartezeit.

Berufung

Fichtes Hochzeit fand am 22. Oktober 1793 in Baden bei Zürich statt. Ein Vers aus dem Lukas-Evangelium: «Der gute Mensch bringt aus dem guten Schatz seines Herzens hervor das Gute», war der Predigttext.

Die Hochzeitsreise führte nach Bern. Anfang November war das Paar wieder in Zürich. Soweit uns überliefert ist, hat nicht nur Johanna ihren Mann, sondern auch dieser sie geliebt. Baggesen, der Fichte auf dessen Hochzeitsreise in Bern kennenlernte, schreibt von ihm, er habe ein überaus warmes Herz und liebe «seine simple Frau mit unsäglicher Sorgfalt»[50]. Gerade diese Worte zeigen, in welchem Abstand wir uns zu Fichte und seiner Zeit befinden. Das Wort «simple» hört der heutige Leser in der herabsetzenden Bedeutung von einfältig und dumm, im Text dagegen hat es die Bedeutung von einfach und schlicht. So wie sich die Bedeutung von Worten verändert hat, so hat sich auch das Zusammenleben von Eheleuten in den zwei Jahrhunderten, die zwischen Fichte und uns liegen, verändert. Die Fichtesche Ehe, das ist bekannt, hatte eine durchaus patriarchalische Prägung. Diese entsprach dem Charakter der Personen; Johanna war von aufopferungsvoller Hingabe und ordnete sich Fichte ganz und gar unter. Umgekehrt kam die Rolle des unwidersprochenen Gebieters Fichte entgegen, da sie ihm das Mißtrauen gegen das weibliche Geschlecht, das mütterliche Lieblosigkeit in ihn gesät hatte, nicht aufkommen ließ. Aber die Fichtesche Ehe entspricht nicht nur dem Charakter der Personen, sondern dem der Zeit, die dem Ehemann eine dominierende Rolle zuwies. Die Ehe der Fichtes wäre zu tadeln, wenn Johann Gottlieb in der Tat der Napoleon gewesen wäre, als welchen er bisweilen hingestellt werden soll. Johanna aber spricht eine deutliche Grenze ihrer Hingabe gegen ihren Gatten aus: «ich erkenne keinen anderen Richter über mich als mein Gewissen, und meinen Fichte; weil er ein rechtschaffener Mann ist, und mir nie raten wird, was wider meine Pflicht ist; denn diese wird mir immer heilig bleiben; mein einziger Wunsch ist, dieser immer im strengsten Sinne des Worts zu folgen.»[51] Nicht nur, daß Johanna ihre sittliche Würde nicht aufgibt, nein, ihre Ehe ist darauf gegründet, daß sie diese ihre Würde von Fichte anerkannt sieht, und zwar in so überzeugender Weise, daß sie auf diese Anerkennung ihre Zukunft zu bauen wagt. Diese Anerkennung, die Johanna von ihrem Mann erfährt, unterscheidet den Patriarchen Fichte von einem Haustyrannen und Miniatur-Napoleon.

Fichte verlebte den Winter 1793/94 in Zürich; ein Amt hatte er nicht, und er bemühte sich auch nicht um eines. Sein Ziel war das tiefere Studium der Philosophie. Die Anfertigung einer Rezension für die «Allgemeine Literatur-Zeitung» in Jena stand an. Das zu rezensierende, anonym erschienene Buch war nach dem antiken Skeptiker «Aenesidemus» genannt und setzte sich mit Reinholds Elementarphilosophie auseinander. Die Elementarphilosophie war nach Reinholds Verständnis eine Variante der Kantischen Philosophie. Die Variante bestand in einer methodischen Umkehr. Kants Philosophie war Kritik gewesen. Dieses Wort ist griechischer Herkunft und bedeutet, von diesem Sprachursprung her betrachtet, Unterscheidung. Kant hatte demgemäß die Vermögen der Vernunft voneinander unterschieden oder analysiert. Die der Analyse entgegengesetzte Methode ist die Synthese; während die Analyse eine Tatsache, beispielsweise die, daß Menschen erkennen und sich verantwortlich wissen, in ihre Elemente auseinanderlegt, setzt die Synthese die Elemente zusammen. Ein solches Zusammengesetztes heißt System. Reinholds Umkehr der Kantischen Kritik bestand nun darin, daß er ein System errichtete. Ein System unterscheidet sich vom Aggregat dadurch, daß die Teile des ersten verbunden sind, die des zweiten nicht. Die Verbindung der Teile einer philosophischen Theorie ist der Grund, auf dem das System erbaut wird. Die Teile einer Theorie sind Sätze und deren Grund ein Grundsatz. Reinhold hatte einen Grundsatz gesucht, aus dem er die von Kant erhobenen Elemente des Wissens ableiten konnte.

Kant hatte in seiner ersten Kritik einzelne Elemente des Bewußtseins unterschieden, wie Anschauung, Begriff, Idee. Diese kommen alle darin überein, daß sie Vorstellung sind. Bewußtsein geschieht immer in Vorstellungen. Von Vorstellung aber kann man nur sinnvoll sprechen, wenn jemand etwas vorstellt. Was das Vorgestellte sei, ob es zum Beispiel ein Buch ist, oder eine Theorie, die in dem Buch dargelegt wird, oder ein Traum oder was auch immer – es wird vorgestellt, und darauf allein kommt es hier an. Wer etwas vorstellt, unterscheidet die Vorstellung von sich und bezieht sie zugleich als s e i n e Vorstellung auf sich. Ebenso unterscheidet er die Vorstellung von dem Vorgestellten und bezieht sie auch wiederum darauf. Man kann Reinhold unschwer darin folgen, wenn er feststellt: «Im Bewußtsein wird die Vorstellung durch das Subjekt vom Subjekt und Objekt unterschieden und auf beide bezogen.»[52] Diesen Satz nannte Reinhold den des Bewußtseins und baute auf ihn als Grundsatz sein System.

Von der Rückkehr nach Zürich an bis Mitte Januar hat Fichte an der genannten Rezension gearbeitet und zugleich *Eigene Meditationen über Elementarphilosophie* niedergeschrieben, zu denen sich in der Folge noch ein Manuskript *Praktische Philosophie* gesellte. Die Kritik, die in «Aenesidemus» an Reinhold geübt wurde, hat Fichte in eine letzte Krise gestürzt, bevor er seinen eigenen Grundgedanken finden sollte. Sie hatte ihm gezeigt, daß der Satz des Bewußtseins nicht der erste Grundsatz der Philosophie sein könnte. Fichte bezweifelte nicht, was im Satz des Bewußtseins ausgesagt war; er sah sich aber genötigt, für diesen Satz eine

Jens Baggesen

Begründung zu suchen; ein durch einen anderen begründeter Satz aber ist gerade kein Grundsatz.

Die philosophische Entwicklung Fichtes war bisher so verlaufen, daß er für seine Probleme Lösungen, zuerst bei Kant, dann bei Reinhold gefunden hatte, denen er sich anschließen konnte. Jetzt stand Fichte an dem vorangetriebensten Punkt der Spekulation, weiter hatte noch niemand gedacht; wenn Fichte weitergehen wollte, so mußte er dies allein und ohne fremde Hilfe tun. Und der Mann, der sich hatte ermutigen lassen zu veröffentlichen, der Mut gefaßt hatte, den Schritt ins unbekannte Land der Ehe zu tun, er betrat nun auch Neuland der Spekulation.

Fichte mußte Neuland gewinnen, weil – um im Bilde zu bleiben – das alte Land bedroht war, und nur indem dem Meer Neuland abgewonnen werden konnte, das alte Land zu sichern war. Mit anderen Worten: der Satz des Bewußtseins leuchtet zwar ein, enthält aber selber noch Probleme. In ihm sind drei Momente des Bewußtseins genannt: Vorstellung, Subjekt und Objekt; diese sind zugleich unterschieden und aufeinander bezogen. Man weiß, daß das Subjekt nicht das Objekt ist, kann aber nicht von dem einen reden, ohne das andere mitzudenken. Unterscheiden und Beziehen sind zwei Tätigkeiten des Subjekts, die notwendig sind, damit eine Vorstellung konstituiert wird. Diese Überlegung zeigt, daß die Vorstellung nicht unmittelbar im Bewußtsein vorkommt, wie es Reinhold ge-

*Henrik Steffens.
Gemälde von
A. Lorentzen, 1804*

lehrt hatte, sondern daß dieser die Handlungen des Unterscheidens und Beziehens voraufliegen.

Um die der Vorstellung vorauffliegende Begründung zu finden, kann man bei jenem besonderen Fall ansetzen, in welchem die Vorstellung dasjenige vorstellt, was selber das Vorstellende ist, nämlich das Selbstbewußtsein. In ihm ist das, was in der Vorstellung vorgestellt wird, nichts anderes als das Vorstellende. Diese Überlegung kann jedermann in der Erfahrung seines individuellen Selbstbewußtsein nachvollziehen; die Struktur dieser Überlegung ist somit für jedermann dieselbe. Man könnte sie so formulieren: Ein Wissender weiß sich als Wissenden. Indem wir so formulieren, folgen wir dem Schema: ein Subjekt weiß ein Objekt. Diesem Schema müssen wir folgen, denn wir haben kein anderes. Die Frage aber ist, wodurch denn garantiert sei, daß im Selbstbewußtsein das Gewußte in Wahrheit das Wissende ist. Man weiß doch alles mögliche und unterscheidet dieses von dem Wissenden; was ermöglicht es denn, daß der Wissende von einem Gewußten weiß, dieses sei der Wissende? Mit allem möglichen, was wir wissen, identifizieren wir uns nicht; diese Identifikation aber geschieht im Selbstbewußtsein. Sie ist demnach eine eigene Handlung des Wissens.

In dieser Handlung aber wird nicht nur das Subjekt mit dem Objekt identifiziert, sondern beide auch mit dem Akt des Wissens. Es ist das

Jena. Aquarellierte Tuschzeichnung

Wissen selbst, das sich im Bewußtsein seiner selbst weiß, und zwar unmittelbar. Diese Unmittelbarkeit des Wissens leuchtet ein, wenn man den Versuch macht, zu beweisen, was Wissen ist. Der Akt des Beweisens ist schon ein Wissen; wer beweisen will, weiß schon. Dem Beweisenden geht es wie dem Hasen mit dem Igel, ja noch schlimmer; dem Hasen sagt der Igel n a c h jedem Lauf: ich bin da; dem, der das Wissen beweisen wollte, sagt das Wissen sein: ich bin schon da; noch ehe er angefangen hat.

Daß man das Wissen nicht beweisen kann, liegt nicht an unserer Beschränktheit, sondern daran, daß das Wissen grundlos ist. Wenn man ihm einen Grund voraufdenken wollte, so müßte man diesen Grund ja wissen, das heißt unter die Bedingung des Wissens gestellt haben; damit aber hat man ihn vom Wissen abhängig gemacht, statt durch ihn das Wissen zu begründen.

Was keinen Grund hat, ist frei. Dem Wissen eignet Freiheit, und diese Einsicht löst Fichtes zweites Problem. Die Offenbarungskritik, so wurde oben gesagt, führte auf das Problem der Einheit der beiden von Kant unterschiedenen Gebiete der Freiheit und der Natur bzw. auf die nach der Einheit der Prinzipien dieser Gebiete. Hier zeigt sich die Einheit, aus der die beiden Prinzipien zu verstehen sind.

Als Fichte Mitte Januar 1794 die *Rezension des «Aenesidemus»* beendet hatte, hatte er den hier skizzierten Gedanken gefunden und erstmalig niedergelegt. Die Konzeption des Grundgedankens, den Fichte sein Leben lang nicht mehr aufgegeben hat, fiel in den Spätherbst 1793. In Baggesens Tagebuch ist von seinem Besuch bei Fichte am 7. Dezember 1793 berichtet. In dem Gespräch wird der Satz des Bewußtseins kritisiert, wie oben dargelegt, und zugleich behauptet, daß man über die Vorstellung zu

dem sie Begründenden fortschreiten müsse.[53] Die Geburtsstunde der Wissenschaftslehre dürfte demnach zwischen Anfang November und Anfang Dezember zu datieren sein. Am warmen Winterofen stehend, so berichtet Fichtes Enkel[54], sei Fichte nach langer Meditation von seiner Ureinsicht ergriffen worden. Der Naturwissenschaftler, Philosoph und Schriftsteller Henrik Steffens berichtet, aus Fichtes Mund folgendes über die Entstehung der Wissenschaftslehre gehört zu haben: «Da überraschte ihn plötzlich der Gedanke, daß die Tat, mit welcher das Selbstbewußtsein sich selber ergreift und festhält, doch offenbar ein Erkennen sei. Das Ich erkennt sich als erzeugt durch sich selber, das denkende und das gedachte Ich, Erkennen und Gegenstand des Erkennens, sind eins, und von diesem Punkte der Einheit, nicht von einer zerstreuenden Betrachtung, die Zeit und Raum und Kategorien sich geben läßt, geht alles Erkennen aus. Wenn Du nun, fragte er sich, diesen ersten Akt des Selbsterkennes, der in allem Denken und Tun der Menschen vorausgesetzt wird, der in den zersplitterten Meinungen und Handlungen verborgen liegt, rein für sich herauslöst, und in seiner reinen Konsequenz verfolgtest, müßte nicht in ihm, als lebendig tätig und erzeugend, dieselbe Gewißheit sich entdecken und darstellen lassen, die wir in der Mathematik besitzen? Dieser Gedanke ergriff ihn mit einer solchen Klarheit, Macht und Zuversicht, daß er den Versuch, das Ich als Prinzip der Philosophie aufzustellen, wie bezwungen, von dem in ihm mächtig gewordenen Geiste, nicht aufgeben konnte. So entstand der Entwurf einer Wissenschafts-Lehre und diese selbst.»[55]

In den letzten Satz von Henrik Steffens ist schon ein Stück Wirkungsgeschichte eingeflossen. Fichte hatte jenem Urakt den Namen Ich gegeben, der zu mannigfachen Mißverständnissen bis in die Gegenwart hinein An-

Charlotte Schiller. Gemälde von Ludovika Simanowiz, 1794

laß gegeben hat. Von diesem Grundgedanken erfuhr durch die *Aenesidemus-Rezension,* die Mitte Februar 1794 in der «Allgemeinen Literatur-Zeitung» in Jena erschienen war, ein hochbegabter Student der Theologie in Tübingen, der den, wie in der «Allgemeinen Literatur-Zeitung» üblich, anonymen Verfasser auch erriet. Dieser gerade neunzehnjährige junge Mann war schon schriftstellerisch hervorgetreten und schloß sich alsbald Fichte an. Auf Fichtes nächste Schrift hin erschien noch 1794 aus der Feder Schellings, denn kein anderer ist gemeint, eine sich deutlich auf Fichte stützende Schrift, der im folgenden Jahr eine «Vom Ich als Prinzip der Philosophie» betitelte folgte, welche Formulierung in Steffens' Text sich eingeschlichen hat.

Der Winter 1793/94 brachte Fichte aber nicht nur entscheidende Einsicht, sondern auch, ganz unerwartet, einen Ruf auf die Stelle Reinholds an die Universität Jena. Dieser hatte einen Ruf nach Kiel angenommen, und man entschloß sich gegen einige Bedenken, veranlaßt durch die Revolutionsschriften, Fichte zu berufen. Es war die nicht sonderlich hoch dotierte Stelle eines Professor ordinarius supernumerarius.

Schiller. Gemälde von Ludovika Simanowiz, 1793

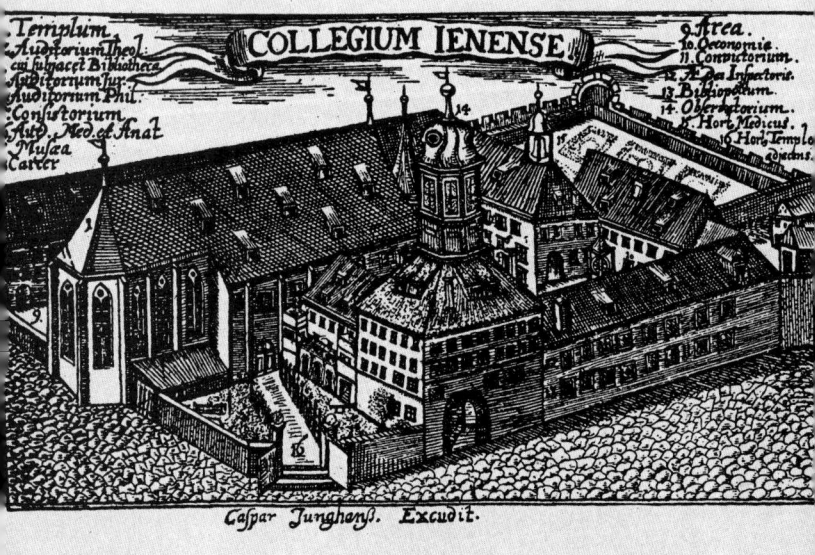

Ansicht der Alten Jenaer Universität. Kupferstich von Caspar Junghans

Fichte nahm den Ruf an, und damit waren seine Zürcher Tage gezählt. Johann Kaspar Lavater, mit dem Fichte inzwischen wie auch mit anderen Schweizer Bürgern, beispielsweise Johann Heinrich Pestalozzi, in guten Kontakt gekommen war, bewog Fichte, eine Reihe von Vorlesungen für einige Zürcher Bürger zu halten. Fichte erfüllte Lavaters Wunsch; in den, leider nicht erhaltenen, Vorlesungen ist nach Fichtes Mitteilung sein System, wie er es dann in Jena vortrug, schon enthalten.[56] Ab 1. März 1794 hat dieses System seinen Namen: Wissenschaftslehre.[57]

Aus den Vorlesungen in Zürich ging auch Fichtes nächste Veröffentlichung hervor, seine Programmschrift. Fichte hatte sich nämlich entschlossen, seinen Jenaer Hörern eine Vorstellung von dem, was er lehren wolle, zu geben, ihnen das Programm seines Wirkens vorzulegen.

Diese Schrift entwickelte nicht Fichtes Philosophie, sie vermittelte nur einen Begriff derselben und hatte somit den Titel: *Über den Begriff der Wissenschaftslehre oder der sogenannten Philosophie*. Diese Arbeit muß Ende April vor Fichtes Abreise von Zürich beendet gewesen sein; sie

dürfte zur Jubilatemesse, das heißt «gegen den 11. Mai»[58] erschienen sein.
Ende April reiste Fichte von Zürich ab und langte am Vorabend seines 32. Geburtstags, am 18. Mai, in Jena an. Er reiste ohne Frau und Schwiegervater; diese hatten noch Vermögensangelegenheiten zu regeln und wollten im Sommer nachreisen; Fichte bemühte sich inzwischen um eine Wohnung. Mitte August kam die Familie nach. Fichte war über Tübingen und Stuttgart gereist. Es ist unwahrscheinlich, daß er in Tübingen mit Schelling bekannt geworden war; dieser schickt ihm im September 1794 seine Schrift «Über die Möglichkeit einer Form der Philosophie überhaupt» mit einem Begleitbrief, der in keiner Weise an eine persönliche Bekanntschaft anknüpft. In Stuttgart aber lernte Fichte seinen Jenaer Kollegen Friedrich Schiller nebst Frau kennen. Das Verhältnis zu Schiller blieb nicht ohne Spannungen, trübte sich aber nie derart, daß der Verkehr abgebrochen wurde, im Gegenteil, die Frauen Fichte und Schiller standen bis zum Lebensende in freundschaftlichem Briefwechsel.

Fichte fühlte sich in Jena bestens aufgenommen. Die Sterne schienen günstig zu stehen. Gleich am Tag nach der Ankunft besuchte Fichte den Herausgeber der «Allgemeinen Literatur-Zeitung», Christian Gottfried Schütz, und erfuhr, daß dieser genau am selben Tag wie Fichte seinen Geburtstag feierte. Man feierte zusammen bis ein Uhr nachts.[59] Die Vorlesungen begannen Freitag, den 23. Mai, mit dem Publikum, darunter ist eine Vorlesung für Hörer aller Fakultäten zu verstehen. Der Zweiunddreißigjährige hatte glänzenden Erfolg; hören wir ihn selbst: *Das größte Auditorium in Jena war zu enge; der ganze Hausflur, der Hof stand voll, auf Tischen, und Bänken standen sie einander auf den Köpfen.*[60] Hochgefühl charakterisiert die Briefe an Johanna; am 14. Juni heißt es von der Vorlesung: *Es stehen immer noch eine Menge Menschen vor der Türe; gestern abend hat mir die halbe Universität eine sehr solenne Musik, und ein Vivat gebracht; und es ist sehr glaublich, daß ich gegenwärtig wohl der geliebteste unter allen hiesigen Professoren bin, und daß sie schon heute mich nicht gegen Reinhold austauschten.* Briefe der Zeitgenossen zeigen, daß Fichte nicht aufgeschnitten hat.[61] Fichtes Lehrerfolg hängt mit seiner Methode zusammen. Er war einer der ersten Hochschullehrer, die nicht nach vorgegebenen Lehrbüchern vortrugen, sondern eigene Gedanken vorlegte. Damit die Hörer ihre Aufmerksamkeit nicht durch Mitschreiben ablenkten, gab er seine sogenannte Privatvorlesung – so nannte man die Fachvorlesung – bogenweise heraus. Die Bogen insgesamt ergaben die *Grundlage der gesamten Wissenschaftslehre;* der Untertitel lautet: *als Handschrift für seine Zuhörer.* Fichte hat diese Methode nicht ganz durchgehalten; alsbald ging er dazu über, eine Vorlesung zu halten, der er Platners «Aphorismen» zugrunde legte. Nichts desto weniger nennt es Max Wundt «eine Ruhmestat Fichtes»[62], den akademischen Unterricht in einer Weise mit umgeformt zu haben, wie sie heute noch in Geltung ist. Es ist dieselbe Methode, die schon bei der Erziehung der Kinder Ott begegnete.

Die Wissenschaftslehre

Der Ausdruck Wissenschaftslehre ist mehrdeutig; Fichte bezeichnet durch ihn einmal seine gesamte Philosophie, zum anderen deren Kernstück, aus dem die einzelnen philosophischen Disziplinen, wie Rechtslehre, Sittenlehre und andere folgen. Hier wird zunächst die Wissenschaftslehre in der zweiten Bedeutung des Wortes besprochen. Zuvor ist eine falsche Erwartungshaltung abzuwehren, nämlich die, hier werde nun die Philosophie Fichtes so schlicht, einfach und für jedermann faßlich dargelegt, daß sich die Lektüre Fichtes erübrige. Ebensowenig wie eine Mozart-Monographie dem Leser den Opernbesuch oder gar das Partiturstudium abnimmt, ebensowenig kann ihm das Studium der Fichteschen Schriften abgenommen werden. Wie aber im Beispiel dem Leser ein Begriff vom «Figaro» gegeben werden kann, der ihn auf das Werk neugierig macht, so auch hier. Die Erregung dieser Neugier ist dadurch begünstigt, daß Fichte selbst den Begriff der Wissenschaftslehre in seiner Programmschrift dargelegt hat.

Fichte setzt auf dem Titelblatt hinter die Worte *Über den Begriff der Wissenschaftslehre* noch die weiteren *oder der sogenannten Philosophie*. Wenn man etwas sogenannt nennt, so will man Zweifel an der Berechtigung, diesen Namen oder Begriff beizulegen, ausdrücken. Das Wort Philosophie stammt aus dem Griechischen und heißt wörtlich übersetzt Liebe zur Weisheit. In Platons «Symposion» wird diese gedeutet als Streben nach dem einen, wahren Wissen, das in sich selber begründet ist. Der Ort des Philosophen aber wird angegeben als der zwischen Nichtwissen und Wissen. Wer nach etwas strebt, hat dieses nicht oder zumindest nicht ganz und vollständig. Im Wort Philosophie hört Fichte demnach, daß diese unterwegs zum Wissen und noch nicht angekommen sei. Da aber Fichte genau den Schritt ins Ziel getan zu haben behauptet, ist seine Philosophie nur noch eine sogenannte, nämlich kein Streben nach Wissen, sondern das Wissen selbst. Wenn auch Fichte das, was Wissenschaftslehre ist, im Gegensatz zu jener besonderen Form des Wissens erklärt, die die Wissenschaften darstellen, so beschränkt sich die von Fichte vorgetragene Lehre jedoch nicht auf das wissenschaftliche Wissen, sondern versteht sich als Lehre von jeglichem Wissen.

Philosophie, darin ist sich Fichte mit Reinhold einig, ist systematische Wissenschaft. Diese setzt sich aus ihrer systematischen Form und einem Gehalt, den man wissen kann, zusammen. Eine systematische Wissenschaft von ätherischen, menschenähnlichen Wesen, wie etwa Feen, ist unsinnig, so streng systematisch sie auch durchgeführt sei, weil der Gehalt dieser Wissenschaft grundlos ist. Umgekehrt ist das wahre Wissen, daß die Winkelsumme im Dreieck 180 Grad ist, so lange keine Wissenschaft, wie sie nicht bewiesen werden kann, da zur Wissenschaft die Begründung ihrer Behauptungen gehört. Die verschiedenen Behauptungen einer Wissenschaft hängen durch ihre systematische Herleitung zusammen und voneinander ab. Diese Herleitung hat aber nur einen Sinn, wenn diejenige Behauptung, von der alle weiteren hergeleitet sind, als wahr einleuchtet. Diese grundlegende Behauptung wird in einem Grundsatz ausgedrückt.

Ein Grundsatz kann in demjenigen System, das er begründet, nicht bewiesen werden; beweisen heißt ja aus Gründen herleiten. Folglich hieße es, das Unterste zuoberst kehren, wenn man aus dem abgeleiteten System den dieses begründenden Grundsatz herleiten wollte. Wenn also ein Grundsatz abgeleitet werden soll, so aus einer anderen Wissenschaft als die ist, welche er begründet. So führt die Struktur von Wissenschaft letztlich auf eine Wissenschaft, die die anderen Wissenschaften begründet. Diese Urwissenschaft hätte zu klären, was überhaupt Wissenschaft ist, warum sie eine systematische Form hat und wie sie zu ihrem Gehalt kommt. Diese Urwissenschaft, eben die Wissenschaftslehre, ist *demnach die Wissenschaft von einer Wissenschaft überhaupt*[63].

Die Wissenschaftslehre unterscheidet sich in ihrer Struktur nicht von den anderen Wissenschaften. Allerdings wird es in ihr zum Problem, den Grundsatz zu finden; denn dieser kann, wie gesagt, in ihr selbst nicht erwiesen werden. Er kann aber auch nicht in einer noch höheren Wissenschaft bewiesen werden, weil in diesem Fall das Problem nur verschoben, nicht aber gelöst wäre. Wenn der Grundsatz der Wissenschaftslehre nicht sinnlos sein soll, so muß er aus und durch sich selbst einleuchten. Im Winter 1793/94 hatte Fichte nun schon jene Einsicht gefunden, die aus sich selbst einleuchtet, das Wissen selbst. Es leuchtet ohne weitere Bedingung ein; dieses Unbedingte also ist die Einsicht, die im ersten Grundsatz zu formulieren ist.

Wenn man von einem ersten Grundsatz spricht, so muß mindestens ein zweiter Grundsatz gedacht werden können. Die Möglichkeit, mehr als einen Grundsatz zu denken, liegt darin beschlossen, daß der erste Grundsatz nur das Sich-selbst-Wissen begründet, das Wissen von einem Gehalt, der nicht selbst das Wissen ist, aber ebenso begründet werden muß wie das Sich-Wissen.

Fichte ist sich bewußt, daß er zum erstenmal die Grundsätze formuliert; er formuliert sie aber nicht willkürlich als Schöpfungen seiner Phantasie, sondern als ausweisbare Behauptungen. Jedermann ist anzumuten, sich von der Unbedingtheit des Wissens zu überzeugen. Die Wissenschaftslehre ist zwar eine Erfindung Fichtes, und damit zwar keine willkürliche, aber doch freie Schöpfung. Was sie aber zu wissen behauptet, ist kein durch sie erst Gedachtes, sondern das unabhängig von der philosophischen Überlegung existierende Wissen. *Das Objekt der Wissenschaftslehre ist ... das System des menschlichen Wissens.*[64]

Dieses System ist nicht vorzeigbar wie das Buch in der Hand des Lesers. Es kann eher mit dem Gehalt des Buchs verglichen werden; dieser ist ja nicht einfach vorhanden, sondern stellt sich im Geist des Lesers her. Oft bemerken wir nicht, daß wir den Gehalt herstellen, beispielsweise bei einem spannenden Kriminalroman, aber manche Bücher, vermutlich auch dieses Kapitel, verlangen Aufmerksamkeit und Mitarbeit des Lesers. In diesem Falle bemerken wir, daß wir den Gehalt in uns herstellen und sagen am Ende: Jetzt habe ich verstanden. Diese Tätigkeit des Verstehens, die wir geleistet haben, ist kein Gegenstand wie das Buch oder auch nur der Gehalt des Buchs. Sie ist das, was den Gehalt hervorbringt. Wenn wir einen Gehalt hervorbringen, denken wir an den Gehalt und nicht an das Hervorbringen. Wir müssen auf dieses Hervorbringen, auf unsere Handlung, eigens unsere Aufmerksamkeit richten, wenn wir es begreifen wollen, und wenn wir dies tun, so entzieht es sich sogar dem Zugriff, da es kein Gegenstand ist. Das System, von dem Fichte spricht, ist ein System von Handlungen.

Das Wissen um diese Handlungen, insbesondere das der Wissenschaftslehre, entsteht nicht von selbst – wir vergessen unsere Handlungen ja ebenso wie der Fußballspieler sein Laufen –, sondern durch eine freie Hinwendung der Aufmerksamkeit auf diese Handlungen, mit Fichtes Worten *durch eine Bestimmung der Freiheit*[65]. So entsteht auch jede andere Wissenschaft, nämlich durch freie Hinwendung zu einem gegebenen Gehalt. Das Verhältnis der Wissenschaftslehre zu den anderen Wissenschaften darf demnach nicht als statischer Bau von Abhängigkeiten vorgestellt werden, sondern als freie Schöpfung von in sich schlüssigen Systemen.

Fichte hat seine Grundsätze nicht einfach aufgestellt und dann aus ihnen deduziert, wie eine oberflächliche Philosophiegeschichtsschreibung oft behauptet, sondern er hat sie durch eine kritische Analyse des Bewußtseins gefunden, in der ausgeschieden wurde, was sich nur immer wegdenken läßt. Die in den Grundsätzen formulierten Elemente des Wissens sind diejenigen, die sich in keiner Denkoperation wegdenken lassen. Was sich aber nicht wegdenken läßt, ist das Wissen selbst; denn das Wegdenken ist ja schon ein Wissensakt. Dieses Wissen ist sich selber bewußt und zwar ohne den Unterschied, der sprachlich zwischen Wissen und sich gemacht werden muß. Man könnte auch von einer unmittelbaren Selbstgewißheit des Wissens oder von seiner Sich-selbst-Helligkeit sprechen. Diesen Akt nennt die Philosophie intellektuelle Anschauung; intellektuell, weil sie nicht sinnlich ist wie alle andere Anschauung; Anschauung, weil sie den begrifflichen Unterscheidungen vorausliegt. Insofern in der intellektuellen Anschauung kein Unterschied möglich ist, entfällt auch der Unterschied zwischen Wissen und Wollen; die Handlung ist sich bewußt, und das Bewußte ist die Handlung. Es versteht sich, daß diese Aussagen nicht in der begrifflich sprachlichen Unterscheidung, in der sie formuliert werden müssen, gelten, sondern daß diese Formulierungen nur

Anweisungen sind, die intellektuelle Anschauung zu vollziehen. Ebenso wie sich kein Unterschied zwischen Wissen und Wollen feststellen läßt, kennt die intellektuelle Anschauung auch keinen zwischen Handlung und Tat. Das Gewußte ist das Wissen selbst, das Gewollte das Wollen selbst. Daher spricht Fichte von Tathandlung.

Wir wissen nicht nur ursprünglich, was Wissen ist, wir wissen auch ohne weiteren Grund, was nicht das Wissen, sondern ein uns gegebener Gehalt des Wissens ist. Wäre dem nicht so, dann könnten wir überhaupt nicht zwischen uns als Wissenden und den Gehalten unserer Vorstellungen unterscheiden. Diese Unterscheidung liegt jeder besonderen Vorstellung vorauf. Das Wissen weiß also ursprünglich nicht nur sich selbst, sondern es weiß auch ursprünglich das, was es nicht ist, von sich zu unterscheiden. Diese zweite ursprüngliche Handlung des Wissens hat seine erste zur Voraussetzung; wenn es nicht sich weiß, kann es sich nicht von anderem unterscheiden. Damit ist dieses Element des Wissens der Inhalt des zweiten Grundsatzes. Dieser ist oft mißdeutet worden, weil Fichte statt des Wortes Wissen Setzen sagt. Dieses Setzen wurde vielfach im Sinne von Schaffen verstanden, etwa im Sinne göttlicher Schöpfung oder einer Art unausweichlicher Halluzination. Gemeint aber ist im zweiten Grundsatz nicht die Produktion von Dingen, sondern jene Handlung des Wissens, in der dieses sich von seinem Anderen unterscheidet. Das Andere des Wissens jedoch ist – streng gedacht, wie es Fichte tat – das, was nicht vom Wissen produziert werden kann. Ein Beispiel: Die Optik innerhalb der Physik gibt eine Erklärung für den Unterschied von Farben. Diese kann einsehen, wer die nötige Intelligenz dazu aufwendet, auch ein Blindgeborener. Dadurch lernt er aber nicht sehen. Die Konstruktionen des Wissens lassen zwar begreifen, aber sie ersetzen kein Sehen. Im Wissen, so zeigt es das Beispiel, tauchen Gehalte auf, die zwar gewußt werden – andernfalls könnte man von ihnen überhaupt nicht reden –, aber nicht in die Begriffe des Wissens aufgelöst und nicht durch sie ersetzt werden können. Jenes Moment des Nichtaufzulösenden ist das Andere des Wissens, und davon, daß dieses gewußt wird, redet der zweite Grundsatz.

Im zweiten Grundsatz ist neben das Wissen ein zweites, sein Anderes getreten. Der Umkreis dessen, was zu wissen ist, ist dadurch geteilt zwischen Wissen und Nicht-Wissen. Die Handlung des Teilens ist wiederum eine, und zugleich die letzte ursprüngliche Handlung des Wissens. Die beiden durch die Handlung des Teilens entstandenen Teile sind zusammen das Ganze. Die Handlung des Teilens ist notwendig; denn in der intellektuellen Anschauung wird kein Unterschied, damit auch kein Teil zugelassen. Somit muß das Wissen den ganzen Umkreis, den es sich in intellektueller Anschauung einzig selbst zugeschrieben hatte, teilen, wenn es ein Anderes seiner selbst weiß.

Fichte hat dasjenige, was hier mit Wissen und Wollen bezeichnet wurde, mit dem Terminus Ich benannt. Er spricht im ersten Grundsatz vom Ich, und zwar vom absoluten, im zweiten und dritten vom Nicht-Ich und Ich, nämlich endlichem. Diese von Fichte gewählte Terminologie ist insofern verständlich, als jeder, der ich zu sich sagt, gerade sich und nichts anderes weiß, dieser Terminus also an einem nachvollziehbaren Vergleichspunkt anknüpft.

Nichtsdestoweniger hat er Anlaß zu kapitalen Mißverständnissen gegeben. Schon am 23. Mai 1794, wenige Tage nach dem Erscheinen der Programmschrift, schickte Goethe diese an den bekannten Literaten und Philosophen Friedrich Heinrich Jacobi und bat: «Möchtest du liebes Nichtich gelegentlich meinem Ich etwas von deinen Gedanken darüber mitteilen. Lebe wohl und grüße alle die guten und artigen Nichtichs um dich her.»[66] Hier wurde launig formuliert, was Mißverstand erregen sollte. Unterschwellig wurde Fichtes Person mit dem absoluten Ich identifiziert. Diese Lesart ist so falsch, als sie nur sein kann; warum aber hat auch Fichte, der gegenüber Reinhold betont, in seinen Darlegungen komme es überhaupt nicht auf die Worte an[67], nicht von diesen verführerischen Worten lassen mögen? Es ist müßig, darüber zu spekulieren; nicht müßig aber ist es, die naheliegenden Mißverständnisse zu vermeiden. Aus diesem Grunde wurden die Fichteschen Termini bisher umgangen.

Das absolute Ich oder die intellektuale Anschauung ist jenes unbedingte sich selbst Wissen und Wollen im Bewußtsein. Wenn es aber einem Nicht-Ich, dem Anderen des Wissens, entgegengesetzt wird, so ist es ein Moment, nicht das Ganze und somit beschränkt. Diese Beschränkung, die als vorhandene Tatsache hinzunehmen und nicht abzuleiten ist, widerspricht aber dem Moment von Absolutheit, bzw. Unbedingtheit im Ich, durch welches es sich vom Nicht-Ich unterscheidet. Diesen Widerspruch strebt das endliche Ich aufzuheben und begreift ihn zuglcich. Aus diesem Verhältnis des Ich zum Nicht-Ich konstruiert Fichte seine weitere Philosophie.

Neben der Wissenschaftslehre im engeren Sinn sollte sie als einzelne Disziplin eine Natur-, Rechts-, Sitten- und Gotteslehre enthalten. In der Jenaer Zeit hat Fichte davon nur die Rechts- und Sittenlehre ausführlich dargelegt, die Naturlehre hat er nie ausgeführt. Fichtes Rechtslehre ist insofern besonders bemerkenswert, als er der Frage nach dem Recht diejenige voraussschickt, wie denn ein Ich dazu komme, sich in Gemeinschaft mit anderen Wesen, die Ich sind, zu wissen. Wer ich zu sich sagt, ist frei. Wer frei ist, weiß sich als frei, und umgekehrt, wer sich als frei weiß, ist frei. Wie aber kann ein empirisch vorfindbares Ich, ein Mensch also, frei sein, wenn er sich, um frei zu sein, als frei wissen muß, und um sich als frei zu wissen, frei sein muß. Dieser Zusammenhang gleicht einer Katze, die sich in den Schwanz beißt. Er muß aufgelöst werden. Frei sein, ohne sich frei zu wissen, kann niemand; wie aber könnte sich jemand frei wissen, ohne frei zu sein? Unter der Bedingung, daß der Begriff der Freiheit des Menschen nicht von der Freiheit desselben Menschen abhängt. Dies geschieht immer dann, wenn ein Mensch aufgefordert wird; eine Aufforderung läßt ja gerade den Aufgeforderten frei; sie appelliert an ihn, in Freiheit etwas zu tun. In einer Aufforderung wird der Aufgeforderte als freier Mensch anerkannt und gibt in einer entsprechenden Antwort die Anerkennung zurück. Man sieht leicht, daß Fichte hier ein Urproblem seines eigenen Lebens reflektiert. Daß er dies tut, entscheidet nicht über die

Gültigkeit seiner Konstruktion, diese ist aus anderen Kriterien zu beurteilen, wohl aber zeigt es die Lebensnähe der Philosophie Fichtes, die nicht nur für Laien oft unter dem Gerüst der Begrifflichkeit verborgen bleibt.

Fichtes Leistung in der Sittenlehre besteht vor allem darin, daß er die in Kants Kritik getrennt auftretenden Momente: Sittengesetz und Neigungen aus einem Grunde ableitet und sie dann in einer Synthese verbindet, wodurch er das von Kant offengelassene Problem, was der Inhalt sittlicher Gebote sein solle, lösen will. Es versteht sich, daß Fichte das Sittengesetz nicht aus einem außer der Vernunft liegenden Grund ableitet; ein Rückfall hinter Kant ist ihm nicht in den Sinn gekommen. Dieser Grund ist nichts anderes als was er in der *Grundlage* das absolute Ich nennt.

Das absolute Ich war als unbedingter Grund des Wissens gefaßt. Als Unbedingtes steht es unter keiner weiteren Bedingung und ist frei. Die hier zu denkende Freiheit ist nicht die der Willkür, sondern die Freiheit der Vernunft selbst, aus der das Sittengesetz und dann auch die Willkür abgeleitet werden können. Fichtes Philosophie ist ihrem Anspruch nach durchaus eine Philosophie der Freiheit; wie weit Fichte diesen Anspruch eingelöst habe, ist naturgemäß Gegenstand des Streites unter den Interpreten, über den Anspruch selbst wird nicht ernsthaft gestritten.

Die Wissenschaftslehre im Streit

Sieben Jahre ist Fichte in Jena geblieben, und diese Jahre waren im wesentlichen dem Ausbau und dem Vortrag der Wissenschaftslehre gewidmet. Fichte hat dabei manche Auseinandersetzung zu bestehen gehabt. In diese Auseinandersetzungen mischt sich, auch von seiten Fichtes, Kleines und Kleinliches; dennoch wird man behaupten dürfen, daß es im letzten um die Wissenschaft ging. Eine Philosophie der Freiheit ist zwar wie jede andere Wissenschaft auch eine Theorie, aber sie ist eine Theorie von Praxis, von menschlich verantwortlichem Handeln, und als solche redet sie unter anderem von den Maßstäben dieses Handelns, beispielsweise davon, wie ein Rechtssystem aufgebaut sein solle. Wenn nun das tatsächlich bestehende System mit dem philosophisch gedachten nicht übereinstimmte, so las man nicht zu Unrecht in der Wissenschaftslehre die Aufforderung, das derzeit bestehende System zu verändern, und zwar auf ein System der Freiheit hin.

Die Wissenschaftslehre hat Freiheit nicht nur zum Ziel, sondern auch zur Voraussetzung. Wie schon erwähnt: Wer sich als frei weiß, muß frei sein. Im speziellen Falle des philosophischen Wissens bedeutet dies, wer eine Philosophie der Freiheit konzipiert, muß schon frei sein. Wer das Denken für gebunden hält, ist demzufolge auch gebunden. Die Philosophie der Freiheit setzt eine Erhebung zur Freiheit voraus. Wo diese Erhebung aussteht, kann die Wissenschaftslehre nicht begriffen werden. Die Wissenschaftslehre hängt zwar nicht von dem Temperament, erst recht nicht von Nation, Sprache, Religion oder anderen Bestimmungen ab, wohl aber vom Charakter, nämlich darin, ob der entscheidende Schritt zur Freiheit getan ist oder nicht. Dieser Schritt ist jedermann anzumuten und wird auch durch die Aufforderung, die Wissenschaftslehre zu denken, angemutet. An dem Vollzug dieses Schritts entscheidet sich die Philosophie, die man annimmt. *Was für eine Philosophie man wähle, hängt sonach davon ab, was man für ein Mensch ist: denn ein philosophisches System ist nicht ein toter Hausrat, den man ablegen oder annehmen könnte, wie es uns beliebte, sondern es ist beseelt durch die Seele des Menschen, der es hat.*[68] Als Fichte im Herbst 1796 diese später oft zitierten Worte niederschrieb, hatte er schon seine ersten Erfahrungen mit der Aufnahme der Wissenschaftslehre gemacht.

Fichtes Bericht über seinen ersten, geradezu triumphalen Erfolg in Jena wurde schon zitiert. Diesen Erfolg hatte ein Außenseiter, den man noch schnell am Tage seiner ersten Vorlesung zum Doktor promovieren mußte.[69] Den größten Zulauf und damit auch den besten pekuniären Erfolg hatte ein Mann, der nicht einmal einen Studienabschluß vorzuweisen hatte. Es gehört für den Alteingesessenen, der sich ordentlich und redlich hochgedient hat, Größe dazu, einen Newcomer anzuerkennen. Größe aber war zu Fichtes wie zu allen Zeiten selten. Zudem war Fichte einem Jenenser Professor schon in aller Öffentlichkeit derb über den Mund gefahren. Er fand verständlicherweise nicht nur Freunde, erst recht nicht lauter Anhänger der Wissenschaftslehre.

Fichtes Berufung nach Jena war nicht problemlos gewesen, weil er allgemein als Verfasser der *Revolutionsschriften* bekannt geworden war. Fichte hatte zwar nicht die Französische Revolution gerechtfertigt, noch weniger zum Umsturz in Deutschland aufgerufen, sondern er hatte die Gesichtspunkte, unter denen eine Revolution beurteilt werden soll, diskutiert und eine Revolution grundsätzlich für rechtmäßig erklärt. Die Frage der Zweckmäßigkeit hatte er in einer Fortsetzung des *Beitrags* erörtern wollen, die aber nie erschienen ist. Konnte aber an einer Herzoglichen Universität ein Professor dozieren, der solches geschrieben hatte? Die Höfe, die mit Weimar zusammen die Universität unterhielten, waren jedenfalls auf der Hut.

Es kam, wie es kommen mußte. Ende Mai 1794 hatte Fichte sein Publikum *Moral für Gelehrte* begonnen. Im Juni schon meldete der Weimareri-

Christian Gottlob von Voigt.
Schattenriß

sche Beamte Christian Gottlob von Voigt an Goethe, es werde verbreitet, «was Fichte für ein schlimmer Jakobiner sei, der in einem Collegio gesagt habe, in 10 bis 20 Jahren werde es keinen König oder Fürsten mehr geben»[70]. Als Fichte diese Anschuldigung zu Ohren kam, ließ er die fünf ersten Vorlesungsstunden wörtlich, wie sie gehalten waren, unter dem Titel *Die Bestimmung des Gelehrten* drucken, so daß jedermann sich überzeugen konnte, was er gesagt hatte. Diese Maßnahme war nicht nur klug, sie brachte Fichte außerdem noch ein hohes Honorar ein.

Aber schon das zweite Jenaer Semester sollte schlimm für Fichte werden. Er hatte seine Publikumsvorlesung, die er im Winter fortsetzen wollte, von Freitagabend auf den Sonntagmorgen gelegt, und zwar mit Rücksicht auf den akademischen Gottesdienst, der um 11 Uhr begann, auf 9 Uhr. Als man Fichte darauf aufmerksam machte, daß der Gottesdienst in der Stadtkirche ebenfalls um 9 Uhr begann, verlegte Fichte seine Vorlesung auf 10 Uhr. Inzwischen aber hatte die Jenenser Kirchenbehörde schon in Weimar protestiert, und der Herzog ordnete die Aussetzung der Vorlesung bis zur Klärung des Falles an. Zu prüfen war, ob Fichte sich einen Verstoß gegen den öffentlichen Landesgottesdienst hatte zuschulden kommen lassen. Der Verstoß hätte darin bestanden, daß Fichte an die Stelle der kirchlichen Sonntagspredigt eine philosophische Vernunftrede gesetzt hätte. Diese Anschuldigung stellt Fichte wiederum als Jakobiner hin, hatten diese doch in Frankreich die christliche Religion durch den Kultus der Vernunft ersetzt. Fichte hätte demnach die Revolution von der ideologischen Seite her begonnen, indem er dem Thron den Schutz des Altars genommen hätte. Ende Januar 1795 wurde entschieden, daß Fichte keine Schuld treffe, daß er aber seine Sonntagsvorlesung auf den Nachmittag verlegen solle. Der Freispruch entspricht dem, was die Quellen berichten; nichts deutet darauf hin, daß Fichte an die Stelle des Gottesdienstes Vorlesungen hatte setzen wollen. Nichtsdestoweniger war in der Zeitschrift «Eudämonia» ein Jahr nach diesen Ereignissen zu lesen: «Nachdem es den Jakobinern in Frankreich, unter den wütenden, Schrecken und Tod verbreitenden Tyranneyi der Marats, Robespierres und ihrer Konsorten gelungen war, den Königsthron umzustürzen, und ihre Hand mit dem Blute des unschuldigsten Königs, zum Abscheu aller gesitteten Nationen, zu beflecken; die Altäre Gottes zu zerstören; an die Stelle der Verehrung des allmächtigen Schöpfers ... die Verehrung der menschlichen Vernunft zu setzen, und berüchtigte Dirnen als das Bild der Gottheit dem unglücklichen Volke vorzustellen: so fand sich auch ein gro-ßer **deutscher Vernunft-Götzendiener**, der es unternahm, an einem Orte, der sonst eine Pflanzschule des Christentums war, und gerade an dem Tage und in den Stunden, die der öffentlichen Verehrung Gottes gewidmet sind, eine Art von öffentlichem **Vernunft-Gottesdienst** anzurichten.»[71]

Zum Kontrast sei eine Stelle aus einer Fichte-freundlichen Druckschrift wiedergegeben, die das Verhalten der Studenten in Jenas Kirchen beschreibt: «Der Student hielt es hier für gänzlich coment-widrig den Hut abzunehmen, gewöhnlich stand er in der Nähe seiner Donna, und trieb

*Studentendemonstration in Jena.
Nach einem Stich von J. W. C. Roux, 1792*

daselbst Augen- und Gebärdenspiel, zog aus und ein, von der einen Kirchentür bis zur andern, quer durch die Kirche hin, wie in einem Taubenschlag. Seinen Hund brachte er natürlich auch mit, der dann hier öfters seinen Gegner fand, und ihn zu weiteren Zausereien nötigte.»[72] Wenn auch nur die Hälfte dieser Schilderung wahr ist, leuchtet ein, daß die Besorgnis um das Christentum kaum der ausschlaggebende Grund für die Beschuldigung Fichtes war.

Die Studenten gaben nicht nur in den Kirchen Anlaß zu Klagen. Ein gut Teil der Studentenschaft war in Orden, den Vorgängern der Burschenschaft, organisiert. Das Ordensleben wird von den Zeitgenossen als übel dargestellt; übermäßiger Alkoholgenuß wird ihnen nachgesagt, vor allem aber Ehrenhändel, die im Duell ausgetragen wurden. Daher waren die Orden offiziell untersagt. Es war kein Wunder, daß Fichte, der einen so ungeheueren Zulauf der Studenten hatte, bald Einfluß auf diese gewann. Mit einigen hatte er einen gemeinsamen Mittagstisch, an dem auch die Professoren Niethammer und Woltmann teilnehmen. Fichte warb für die Auflösung der Orden und hatte Erfolg. Ende November 1794 trugen ihm Mitglieder der Orden an, ihnen den Entsagungseid abzunehmen; dabei übergaben sie ihm ihre Ordensbücher. Fichte sah sich nicht berechtigt, den Eid entgegenzunehmen, und nun begann eine Reihe von Verhandlungen, an deren Ende die Auflösung zweier der in Jena ansässigen Orden Anfang Januar 1795 stand; der dritte trat von der Auflösung zurück. Die Mitglieder dieses Ordens, die Unitisten, gingen nun gegen Fichte vor. Mehrfach warfen sie ihm die Fensterscheiben ein, sie beleidigten auf offener Straße Johanna Fichte, und, was am gefährlichsten war, sie verleumdeten Fichte, er habe Umgang mit französischen Revolutionären, er sei Illuminat und wolle eine neue geheime Verbindung gründen.[73] Dies war eine raffiniert vorgetragene Anklage des Hochverrats. Sie brachte neben Fichte die «Litterärische Gesellschaft der freien Männer in Jena» in Verruf. Diese war eine Vereinigung von Studenten, die frei von Ordensverbindungen waren – daher der Name –, und die sich ohne Fichtes Zutun im Juni 1794 konstituiert hatte. Fichte hat öfter an den Sitzungen der Gesellschaft teilgenommen wie auch der Theologieprofessor Heinrich Eberhard Gottlob Paulus. Von einer geheimen Vereinigung kann keine Rede sein, erst recht nicht von Umsturzabsichten.

Gegen Verleumdung ist man weitgehend schutzlos, das ließ Shakespeare seinen Jago schon wissen. Zum Glück saß aber in der Weimarer Verwaltung ein Beamter, der schon genannte Voigt, der sich über die «Jakobiner-Riecher»[74] lustig machte. Mehr Schutz genoß Fichte aber auch nicht. Die Universität konnte oder wollte Fichte keinen Schutz gegen nächtliches Fenstereinwerfen gewähren, ein der Universität und damit der Stadt Verwiesener zeigte sich öffentlich in der Stadt, und Fichte konnte in ihm den Organisator seiner nächtlichen Ruhestörung vermuten.[75] Als in der Nacht vom 8. zum 9. April 1795 wieder einmal die Fenster zu Bruch gingen, reiste Fichte spornstreichs nach Weimar und ließ sich für das Sommersemester, bis die Ruhe wieder hergestellt sei, beurlauben. Fichte verbrachte den Sommer in Oßmannstedt; im Mai wurden drei Studenten als Beteiligte an dem genannten Überfall der Universität verwiesen; zum Wintersemester kehrte Fichte nach Jena zurück.

Fichte ist mit Recht bei der Ordensauflösung Unerfahrenheit vorgeworfen worden. Er stammte aus kleinen Verhältnissen und besaß nicht wie etwa die Honoratiorensöhne Hegel und Schelling den Sinn dafür, was durchzusetzen sei und wie dies zu geschehen habe. Es fehlte Fichte aber auch an Selbstkritik. *Sie haben hier keinen Professor,* schreibt er im Dezember 1794 an Voigt, *durch den sie so eine Sache hätten ausführen können.*[76] So verständlich Fichtes Stolz, so berechtigt sein Anliegen ist, so

Heinrich Eberhard Gottlob Paulus. Stahlstich

verführt ihn doch sein Anerkennungsbedürfnis, sich durch die Annahme der Bücher in den Mittelpunkt des Geschehens zu setzen; am Ende saß er zwischen allen Stühlen. Fichtes menschliche Schwäche hat oft den Blick von dem abgelenkt, worum es ihm ging. Hier ist zu betonen, daß es ihm um das ging, was er als das Wesen seiner Philosophie begriffen hatte: Freiheit. Darunter war nicht die Gesetzlosigkeit zu verstehen oder ein Gesetz für eine bestimmte Gruppe von Menschen, wie sich der Ehrenkodex der Orden verstand; Freiheit war Selbstgesetzgebung. Wo aber das Gesetz gegeben war, da war es um eben der Freiheit willen, die es gebot, auch zu befolgen. Schon das bestehende Recht, geschweige denn das Sittengesetz verboten das Duell. Fichtes Freiheitskonzeption grenzte sich nach der Seite schrankenloser Willkür ab; die Gesetzwidrigkeit der Orden war seiner Freiheitskonzeption geradezu entgegengesetzt. Aber auch fürstliche Willkür konnte mit ihr nicht in Übereinstimmung gebracht werden. Fichte war sich bewußt, wie es in einem Briefentwurf von 1795 zu lesen steht, daß man den Grundsätzen der Wissenschaftslehre ansieht, daß sie nicht in das Garn der Fürsten taugen.[77] Wie Fichtes Temperament und Charakter auch beschaffen war, die Wissenschaftslehre selber stellte ihn auf einen gefährdeten Posten.

Friedrich Immanuel Niethammer. Schattenriß

Fichte kehrte Anfang Oktober nach Jena zurück. Unmittelbar vorher, am 29. September, war sein Schwiegervater gestorben. Fichte hat ihn ebenso betrauert wie Johanna; sie verloren einen Menschen, dessen Charakter, soweit wir unterrichtet sind, Güte war. Wie sehr sie ihn geschätzt haben, geht daraus hervor, daß das einzige Kind ihrer Ehe, der am 18. Juli 1796 geborene Sohn, den Namen Immanuel Hartmann erhielt. Den ersten Namen erhielt er selbstverständlich nicht nach dem Immanuel aus Bethlehem, sondern nach dem aus Königsberg, den zweiten nach dem verstorbenen Großvater. Später wurde der Name zu Immanuel Hermann abgeändert; als dieser ging auch Fichtes Sohn in die Geschichte der Philosophie ein.

Fichtes Beliebtheit bestätigte sich anläßlich der Geburt seines Sohnes. Am Tag der Taufe, dem 20. Juli, wurde dem nunmehr Vierunddreißigjährigen ein Vivat gebracht.[78] Daß Fichte sein Kind taufen ließ, wollte man zunächst nicht glauben und legte, als es geschehen war, dieses als Inkonsequenz aus.[79] So wenig war man überzeugt, daß es der Verfasser der Offenbarungskritik und der Philosoph des Ich mit einer Offenbarungsreligion ernst meinen könnte.

Man darf wohl davon ausgehen, daß Fichtes absolutes Ich weitgehend als ein anderes Wort für einen Gottesbegriff, der traditionellen Vorstellungen nicht entsprach, genommen wurde. Johann Benjamin Erhard, ein Arzt und zugleich philosophischer Schriftsteller, nennt in einem Brief an Niethammer aus dem Jahre 1796 Fichtes Philosophie Atheismus. Schiller hatte schon im Oktober 1794 eben diesem Erhard gemeldet, daß Fichte einen Jugendfreund nach Jena gezogen habe, einen gewissen Friedrich August Weißhuhn, der Fichtes System für einen subjektiven Spinozismus halte. Was Weißhuhn, der noch jung im folgenden Jahr in Fichtes Wohnung gestorben ist, in den Mund gelegt wurde, bedeutet, nachdem Jacobi im Spinozismusstreit der späteren achtziger Jahre Spinozas Philosophie zum Atheismus erklärt hatte, nichts anderes als eben Atheismus. Solche Schlüsse waren, das mag man besonders in Kenntnis der späteren Schriften Fichtes sagen, voreilig; aber Fichte hatte, und das ist den Zeitgenossen zugute zu halten, auch noch in keiner Weise dargelegt, wie denn ein sich selbst setzendes Ich sich zu einem Gott verhalten könne. Urteile, wie die zitierten, findet man in Briefen; wohlmeinende und liberal denkende Männer wollten Fichte nicht dem Verdacht aussetzen, er denke und lehre gegen die gesetzlich geschützte Landesreligion.

Neben vielen Mißverständnissen konnte Fichte auch die Freude erleben, daß sich sein Vorgänger – sowohl auf dem Lehrstuhl wie auch in der Theorie – zur Wissenschaftslehre bekannte. Reinholds Brief vom 14. Februar 1797, in dem er Fichte seinen Übergang zur Wissenschaftslehre meldet, ging eine heute noch lesenswerte und aufschlußreiche briefliche Diskussion über dieselbe voraus. Im Januar des folgenden Jahres erschien dann eine Rezension der *Grundlage* aus Reinholds Feder in der «Allgemeinen Literatur-Zeitung», die Fichte voll zufriedenstellte.

In Jena hatte Fichte manche Verbündete, allen voran Niethammer, gewinnen können, aber keinen ausgesprochenen Vertreter der Wissenschaftslehre. Die Verbindung mit Friedrich Immanuel Niethammer, einem aus Württemberg stammenden Dozenten, zunächst der Philosophie, dann der Theologie, ist zuerst zu nennen, weil Fichte 1797 in die Herausgeberschaft des von Niethammer 1795 erstmals herausgegebenen «Philosophischen Journals» eingetreten war. Wichtigste Mitarbeiter des Journals waren Friedrich Schlegel und Schelling. Der Letztere wurde zum Wintersemester 1798/99 nach Jena berufen. Er galt von 1795 bis etwa 1800 als ausgesprochener Fichteaner, war es aber nie. Differenzen blieben beiden, Fichte und Schelling, nicht verborgen, zum Austrag kamen sie allerdings erst nach Fichtes Weggang von Jena. Der Name Schlegels deutet auf den Kreis der Romantiker; August Wilhelm Schlegel, verheiratet mit Caroline, verw. Böhmer, geb. Michaelis, und Novalis sind zu nennen. Hölderlin hörte Fichte, bevor er nach Frankfurt ging. Mit Schiller hatte es Differenzen wegen eines Beitrags, den Fichte zu den «Horen» lieferte, den Schiller aber ablehnte, gegeben; man sagte sich offen die Meinung und blieb, wahrscheinlich gerade wegen dieser Offenheit, weiter in geselligem Verkehr. Goethes Dichtung hatte Fichte schon hochgeschätzt, als er noch gar nicht daran denken konnte, ihm einmal zu begegnen. Von Goethes Seite war das Verhältnis distanziert. Er kannte Fichtes Stärken und Schwächen, und die letzten waren jedenfalls von der Art, daß er sich nicht mit Fichte befreunden mochte.

Die Beziehungen zu der Mutter und einigen Geschwistern blieben gespannt. Seinem jüngeren Lieblingsbruder versuchte Fichte zunächst eine gelehrte Bildung zu vermitteln; als dies mißlang, unterstützte er ihn und einen weiteren Bruder beim Aufbau einer Weberei, eine Unterstützung, in die er auch seinen Vater einbezogen wissen wollte. Im September 1798 besuchte Fichte die Seinen in Rammenau.

Die Arbeitsleistung Fichtes ist unglaublich. Fichte war überraschend Hochschullehrer geworden und mußte nun alle Vorlesungen von Anfang an erarbeiten. Nur einer Vorlesung legte er ein Lehrbuch aus fremder Feder zugrunde, nämlich Platners «Aphorismen». Fichte stimmte keineswegs mit dem weitbekannten Verfasser überein; er benutzte das Buch, um die Hörer von der Position Platners aus auf die der Wissenschaftslehre zu leiten. In allen anderen Vorlesungen trug Fichte seine eigene Philosophie vor. Die Zahl und der Umfang der Veröffentlichungen sind an sich schon erstaunlich; wenn man noch bedenkt, daß der Gehalt dieser Veröffentlichungen nichts weniger als die Darlegung einer neuen philosophischen Theorie ist, so mag das Wort legendär hier zur Charakterisierung nochmals angewandt werden. Es schmälert Fichtes Leistung keineswegs, daß etliche Veröffentlichungen aus der Vorlesungstätigkeit hervorgegangen sind. Im wesentlichen hat Fichte vier Themenkreise in Jena bearbeitet: a) die Wissenschaftslehre im engeren Sinne, die Grundlegung b) der theoretischen Philosophie, c) der Rechts- und d) der Moralphilosophie. Als repräsentativ seien folgende Werke genannt: a) *Grundlage der gesamten Wissenschaftslehre* (1794/95) und der *Versuch einer neuen Darstellung der Wissenschaftslehre* (1797), b) der *Grundriß des Eigentümlichen der Wissenschaftslehre in Rücksicht auf das theoretische Vermögen* (1795), c) die *Grundlage des Naturrechts nach Prinzipien der Wissenschaftslehre* (1796/97) und d) *das System der Sittenlehre nach den Prinzipien der Wissenschaftslehre* (1798).

In dem Maße, in dem Fichte an seinem System baute, stieg sein Ruhm, aber auch der Haß auf ihn. Am schlimmsten geiferte Friedrich Nicolai, ein Verleger und Schriftsteller aus Berlin, ehemals befreundet mit Lessing und Moses Mendelssohn. Seine Polemik gegen Fichte erklärt sich vielleicht daher, daß dieser in seinem *Beitrag* Militär, Adel und Juden beschuldigt hatte, sie bildeten jeweils einen Staat im Staate, und daß er infolge dieser Beschuldigung davor gewarnt hatte, den Juden Bürgerrechte zu gewähren. Später hat der Nationalsozialismus diese Passage mit Beifall gelesen; er überlas aber in diesem Zusammenhang Fichtes Feststellung: ... *ihre Ungerechtigkeit berechtigt uns nicht, ihnen gleich zu werden.*[80] Der erste Satzteil ist weder eine philosophische Aussage noch ein Ruhmesblatt Fichtes, aber die strikte Forderung, Unrecht nicht durch Unrecht zu begegnen, verbietet auch, ihn zum Vorläufer des Nationalso-

*Hölderlin.
Holzschnitt nach
einem Pastellbild von
Hiemer um 1796*

zialismus zu stilisieren. Daß Fichte kein Unrecht an einem Juden dulden wollte, wird das letzte Kapitel noch erzählen. Nicolai jedoch konnte durch Fichtes Äußerung die Bemühungen der aufgeklärten Juden, sich in den werdenden modernen Staat zu integrieren, gefährdet sehen. Er war Aufklärer, verstand aber nicht, daß die junge Philosophie die Aufklärung keineswegs preisgab, sondern weiterführte. Er hat viel gelesen, einiges begriffen und das meiste verdreht. So war etwa in Nicolais weitverbreiteter Reisebeschreibung zu lesen, Fichte habe «von der Bestimmung, dem Wesen und der Würde des Gelehrten, seinen jungen Studenten – vermutlich um sie zur Bescheidenheit zu gewöhnen – in einer besonderen Vorlesung den hohen transzendentalen Begriff beigebracht: ‹daß der Stand der Gelehrten die oberste Aufsicht über den wirklichen Fortgang des menschlichen Geschlechts und die stete Beförderung dieses Fortgangs habe›, und daß ‹der Gelehrte nicht nur der Lehrer und Erzieher des menschlichen Geschlechts›, sondern auch ‹der höchste und wahrste Mensch› sei dergestalt, daß die Studenten, besonders diejenigen, für die Herr Fichte Vorlesungen hält, die nächste Anwartschaft haben, zur obersten Aufsicht über das menschliche Geschlecht zu gelangen, und, wenn sie Herrn Fichte fleißig zuhören, recht fühlen müssen, wie sie nach und nach ‹die höchsten und wahrsten Menschen› werden.»[81]

Vergleicht man Nicolais Zitate mit Fichtes Ausführungen in der *Bestimmung des Gelehrten,* so sieht man, daß Nicolai als Behauptung hinstellt, was Fichte als Forderung aufstellt. Nicolai zitiert, auch in einer Zeit, die heutige philologische Genauigkeit nicht kennt, ungenau; Fichte hat schlicht nicht behauptet, der Gelehrte sei der höchste und wahrste Mensch, sondern er *soll der sittlich beste Mensch seines Zeitalters sein*[82]. Wenn man fordert, daß etwas sein soll, so ist die Forderung angebracht, weil gerade nicht ist, was man fordert. Schlimm ist es, daß sich neben solchen Verdrehungen zutreffende Kritikpunkte finden. So hält Nicolai Fichte seine Behauptungen aus dem *Beitrag,* jeder Vertrag dürfe gebrochen werden, wenn ein Vertragspartner seine Meinung ändere, vor. Fichte hat zwar seine Meinung in der *Grundlage des Naturrechts* gründlich revidiert, aber er war auch nicht bereit, eine Neuauflage des *Beitrags* im Jahre 1795, als er schon am Naturrecht arbeitete, zu verhindern; dies wäre nicht nur klug gewesen, sondern auch ein Akt der Loyalität zur Weimarer Regierung. Fichtes Ruf verschlechterte sich – auch durch eigene Schuld, weitmehr aber durch üble Nachrede, die die Schwäche des Philosophen nutzte, um der Verbreitung einer Philosophie der Freiheit entgegenzuwirken. Langsam tat das Gift seine Wirkung. Im Sommer 1798 verbot Zar Paul I. seinen Landeskindern den Besuch ausländischer Universitäten «wegen der sich jetzt auf auswärtigen Schulen eingeschlichenen verderblichen Grundsätze»[83].

Der sogenannte Atheismusstreit

Der Streit, von dem hier zu berichten ist, wurde so genannt, wie es in der Überschrift dieses Kapitels steht. Wenn aber in der Überschrift dieser Streit als sogenannter bezeichnet wird, so ist zum Ausdruck gebracht, daß diese Bezeichnung unzulänglich sei.

Der Atheismusstreit ist der letzte von drei großen Streitfällen im 18. Jahrhundert in Deutschland. In den siebziger Jahren hatte Lessing die religionskritischen Fragmente eines Ungenannten veröffentlicht und war, obwohl er sich von deren Position distanziert hatte, heftig angegriffen worden. Es war jener Streit, der Fichte in seiner Schulzeit so stark beeindruckt hatte. In der Mitte der achtziger Jahre schockierte Jacobi die Öffentlichkeit mit der Mitteilung, Lessing habe sich ihm gegenüber als Spinozisten bekannt. Mit dieser Mitteilung entfachte er den Spinozastreit, in dem Jacobi den Spinozismus als Atheismus begriff, Herder dagegen Spinoza als den Theissimus pries. Ging es im ersten Streit um die christliche Offenbarung, so stand im zweiten ein philosophischer Gottesbegriff, der des Spinoza, im Zentrum der Sache. Die Hauptgegner des ersten Streits waren schon lange verstorben, Jacobi und Herder aber meldeten sich am Ende des Jahrhunderts wieder zu Wort, und Goethe, der im Spinozastreit auf seiten Herders gestanden hatte, war jetzt, wenn auch nicht als Schriftsteller, sondern als Politiker eine zentrale Figur des Streits.

Was war geschehen? Im Sommer des Jahres 1798 war den Herausgebern des «Philosophischen Journals», Fichte und Niethammer, ein Aufsatz zur Veröffentlichung eingereicht worden. Der Verfasser war Karl Friedrich Forberg, bis 1797 Privatdozent in Jena, anschließend Konrektor in Saalfeld; der Aufsatz trug den Titel: «Entwicklung des Begriffs der Religion». Die Herausgeber befürchteten, daß Inhalt und Ton der Abhandlung zu Mißverständnissen führen könnte, und beschlossen, dem Aufsatz Anmerkungen beizufügen. Dies aber verbat sich der Verfasser; Fichte faßte daraufhin in einem kleinen Aufsatz zusammen, was er verstreut in Anmerkungen hätte beifügen wollen. So erschien im ersten Heft des achten Bandes des «Philosophischen Journals» als erster Aufsatz aus Fichtes Feder: *Über den Grund unsers Glaubens an eine göttliche Weltregierung;* als zweiter folgte Forbergs Aufsatz. Das Heft wurde in einer auf den 24. Oktober 1798 datierten Anzeige des Verlegers als erschienen angekündigt; die Anzeige wurde zu Anfang November in mehreren Zeitschriften veröffentlicht. Man darf annehmen, daß das Heft kurz vor dem Datum der Anzeige ausgeliefert worden ist.

Schon am 29. Oktober «wandte sich das Dresdner Oberkonsistorium an den Kurfürsten von Sachsen, Friedrich August, mit einer Anzeige gegen den Forbergschen Aufsatz». Angezeigt werden Äußerungen Forbergs, «die, wir wollen nicht sagen, mit der Offenbarung, sondern selbst mit der natürlichen Religion unverträglich sind, und dem Atheismus auf eine Art zu statten kommen, wie er noch nie verteidigt und befördert worden ist»[84]. Das Konsistorium schlug vor, daß das Heft, in dem der Aufsatz stand, beschlagnahmt werde und daß man bei den Höfen der Erhalterstaaten der Universität Jena antrüge, daß diejenigen Professoren, die atheistische Grundsätze verbreiteten, bestraft würden. Außerdem riet das Konsistorium dem Kurfürsten, den genannten Höfen ein Verbot des Besuchs der Universität Jena für die Kursachsen in Aussicht zu stellen. Nachdem die Russen schon im Sommer 1798 hatten abreisen müssen, wäre der Abzug der Kursachsen ein weiterer beträchtlicher Einkommensverlust für Jena gewesen.

Fichte ist der Meinung gewesen, die Eingabe des Konsistoriums an den Kurfürsten sei durch eine anonyme Flugschrift veranlaßt gewesen: «Schreiben eines Vaters an seinen studierenden Sohn über den Fichtischen und Forbergischen Atheismus». Aus einer ebenfalls anonymen Gegenschrift: «Etwas zur Antwort auf das Schreiben eines Vaters...» geht hervor, daß deren Verfasser im November bekannt war; die in Leipzig verbreitete Nachricht, der evangelische Alttestamentler, Professor Johann Philipp Gabler aus Altdorf, habe das «Schreiben» verfaßt, sei wahrscheinlich unbegründet. Im November also ist das «Schreiben» mit Sicherheit auf dem Markt, und es steht Fichtes Behauptung nichts entgegen, daß es Ende Oktober den Anstoß zur Klage gegeben hätte.[85] Wenn man Fichte in dieser Behauptung folgen will, so muß man aber auch die Möglichkeit miterwägen, daß der Verfasser des «Schreibens» von dem fraglichen Heft des «Philosophischen Journals» schon vor dessen Erscheinen Kenntnis gehabt hat. Jedenfalls ist es nach den Worten von Reinhard Lauth auffallend, daß das Dredner Oberkonsistorium mit seiner Anzeige dieselben Ziele verfolgt wie der Verfasser des «Schreibens».[86]

Dieser nennt sich mit dem Buchstaben G. Wenn man davon ausgeht, daß das «Schreiben» daraufhin angelegt ist, Lehrer, die der Verfasser als Atheisten ansah, von ihren Lehrstühlen zu vertreiben, so liegt nahe, daß der Buchstabe G. gewählt wurde, um im Namen Gablers aufzutreten. Diese Wahl wäre deshalb besonders abgefeimt, weil Gabler selber ein strengen Orthodoxen verdächtiger Theologe war. Er hat nämlich kräftig daran mitgewirkt, die ersten Kapitel der «Genesis» als Mythos und nicht mehr als Erzählung eines tatsächlich geschehenen Vorgangs zu verstehen. Gabler hat gegen die Zuschreibung des «Schreibens» an ihn im «Intelligenzblatt der Allgemeinen Literatur-Zeitung» vom 2. Februar 1799 protestiert.[87] Das Gerücht hatte aber, vermutlich bevor es Gabler überhaupt zu Ohren gekommen war, seine Wirkung getan, wenn es denn eine hat tun sollen.

Herder. Stich nach einem Gemälde von Friedrich Bury

Der Verfasser des «Schreibens» ist nicht bekannt. Allerdings ist es Lauth gelungen, nachzuweisen, daß der Verfasser in engster Nähe zu Friedrich Nicolai steht[88], eben jenem, der schon früher gegen Fichte geifert hatte. Ob nun das «Schreiben» oder gar Nicolai selbst einen Anstoß gegeben haben oder nicht, das Dresdner Oberkonsistorium hatte schon längst darauf gesonnen, dem Unwesen solcher Schriften, die es als unchristlich und atheistisch verstand, zu wehren. Die kritische Philosophie stand besonders im Verdacht. Nun war der Anlaß gegeben.

Auf die Klage des Konsistoriums hin verfügte der kursächsische Minister von Wurmb am 8. November die Konfiskation des ersten Heftes des achten Bandes des «Philosophischen Journals» wegen der atheistischen Äußerungen in den Aufsätzen von Fichte und Forberg. Hier also wird auch gegen Fichte der Atheismusvorwurf erhoben.[89] Am 18. November ging die Anordnung dem Oberkonsistorium zu, und am 26. November wurde im Leipziger Rathaus die Konfiskation verkündet.[90]

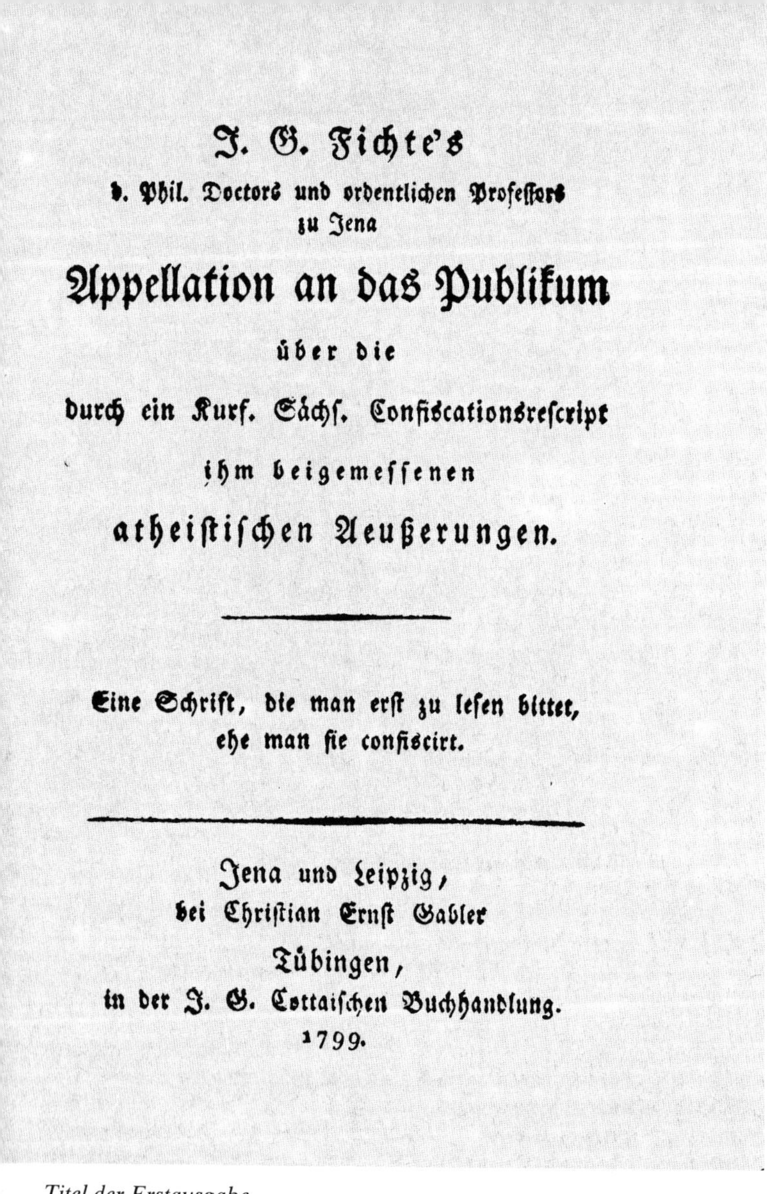

J. G. Fichte's
d. Phil. Doctors und ordentlichen Professors
zu Jena

Appellation an das Publikum

über die

durch ein Kurf. Sächs. Confiscationsrescript

ihm beigemessenen

atheistischen Aeußerungen.

Eine Schrift, die man erst zu lesen bittet,
ehe man sie confiscirt.

Jena und Leipzig,
bei Christian Ernst Gabler
Tübingen,
in der J. G. Cottaischen Buchhandlung.
1799.

Titel der Erstausgabe

Der Kurfürst billigte die Maßnahme am 1. Dezember und verlangte, daß die Regierungen zu Berlin, Braunschweig und Hannover aufgefordert würden, sich Kursachsen anzuschließen.[91] Hannover folgte der Aufforderung am 14. Januar 1799. Bemerkenswert ist, daß Anfang März die «Allgemeine Literatur-Zeitung» meldete, die Konfiskation sei weder auf Betreiben der Landesuniversitäten noch des Konsistoriums erfolgt, sondern einzig auf Ersuchen Kursachsens durch die Hannoveraner Regierung verfügt worden. Preußen lehnte im März jede Maßnahme ab, und Braunschweig wies die Landesuniversität Helmstädt am 11. Februar 1799 an, gefährlichen Irrtümern durch gründliche Widerlegung entgegenzuwirken und Mißverständnissen vorzubeugen. Des Urteils über die Aufsätze enthält sich die Verfügung ganz und tadelt nur einen Mangel an Behutsamkeit.

Am 18. und 19. Dezember erging aus Dresden an die Erhalter der Universität Jena ein Schreiben. Fichte und Forberg wurden beschuldigt, Grundsätze geäußert zu haben, «die mit der christlichen, ja selbst der natürlichen Religion unverträglich sind, und offenbar auf Verbreitung des Atheismus abzielen». Weiter unten wird die Erfahrung angeführt, «was für traurige Folgen aus der Duldung jener unseligen Bemühungen, den ohnehin überhand nehmenden Hang zum Unglauben noch weiter zu verbreiten, und die Begriffe von Gott und Religion aus dem Herzen der Menschen zu vertilgen, für das allgemeine Beste und insonderheit auch für die Sicherheit der Staaten entstehen»[92]. Es wird ersucht, die Verfasser sowie Herausgeber zur Verantwortung zu ziehen und ernstlich zu bestrafen, auch dem Unwesen an der Universität zu steuern, damit die Kursachsen weiterhin in Jena studieren dürfen. Fichte hat nach der Michaelismesse, also schon im Oktober vernommen, *wie man es in Leipzig über die beiden benannten Aufsätze im Philosophischen Journal triebe*[93]. Kenntnis von der Konfiskation hat Fichte vor dem 10. Dezember erhalten; eine Gegenmaßnahme, nämlich eine Flugschrift mit dem Titel: *J. G. Fichtes Appellation an das Publikum über die durch ein Kurfürstliches Sächsisches Konfiskationsreskript ihm beigemessenen atheistischen Äußerungen*, hatte er auch schon geplant. Dies geht aus einem Brief an Cotta unter dem Datum eben des 10. Dezember hervor, in dem Fichte diesen als Verleger gewinnen wollte.[94] Fichte verzichtete auf ein Honorar, wollte aber etwa 100 Exemplare an Bekannte und Freunde verschicken. Am 17. Dezember hatte sich Fichte überlegt, daß seine Flugschrift schneller unter die Leute komme, wenn er bei Gabler drucken ließe, und trug Cotta an, den Vertrieb für Süddeutschland zu übernehmen, während Gabler Norddeutschland beliefern sollte. Die beiden Verleger gingen darauf ein. Der Plan zur *Appellation* ist also gefaßt, noch bevor sich Kursachsen an die Erhalter der Universität Jena gewandt hatte.

Die Flugschrift entstand in den vorlesungsfreien Tagen um Weihnachten und Neujahr und wurde ab 15. Januar 1799 ausgeliefert. In mehreren literarischen Zeitschriften wurde die *Appellation* angekündigt, zuerst am 9. Januar im «Intelligenzblatt der Allgemeinen Literatur-Zeitung»[95]. Sie war unterzeichnet von den Herausgebern des philosophischen Journals, den beschuldigten Autoren und den Verlegern der *Appellation*. Die Verfasser sehen die Freiheit der Wissenschaft bedroht und bitten die Leser, die *Appellation* in ihrem Umkreis zu verbreiten. An Bekannte und

Freunde gingen Exemplare zusammen mit einem gedruckten Brief vom 16. Januar ab. Fichte bittet die Empfänger beizutragen, daß die Streitsache vor das zuständige Tribunal, nämlich das gelehrte Publikum, gebracht wird, insbesondere durch mündliche und schriftstellerische Stimmabgabe.

Die *Appellation* ist geharnischt. Schon im Untertitel *Eine Schrift, die man erst zu lesen bittet, ehe man sie konfisziert* wird Fichtes polemische Haltung deutlich. Sie setzt sich in der Einleitung fort, in welcher Fichte den Spieß umdreht und seine Gegner des Atheismus bezichtigt, in der Konfiskation den ersten Schritt zum Scheiterhaufen sieht und den auf einem solchen im Jahre 1619 als Atheisten verbrannten Lucilio Vanini zitiert. Im ersten der beiden Teile der *Appellation* interpretiert Fichte seinen angeklagten Aufsatz. Diese Interpretation ist nötig, weil Fichte im «Philosophischen Journal» zu einem Publikum vom Fach, hier zu einem, wie er sich ausdrückt, gemischten Publikum redet. Diese Unterscheidung ist insofern bedeutsam, als eine Fachpublikation in einem Fachorgan überhaupt nicht dem Zweck der Verbreitung irgendeiner Theorie, sondern nur dem der Diskussion derselben unter den Fachleuten dienen kann.[96] Mit dieser Unterscheidung schafft sich Fichte eine Argumentationsbasis für die Behauptung, selbst wenn die beschuldigten Aufsätze atheistisch wären, so wäre ihre Konfiskation illegitim, da sie sich im Rahmen der wissenschaftlichen Diskussion hielten, und somit keine Gefährdung der Religion darstellten.

Fichtes Appellation ist nirgendwo als eine Verfälschung seines beschuldigten Aufsatzes angesehen worden. Unsere Darstellung der beanstandeten Behauptungen Fichtes kann daher bedenkenlos dieser zweiten Darlegung Fichtes folgen. Fichte geht von jener Einsicht aus, die ihn für Kant eingenommen hatte, von der Unbedingtheit sittlicher Verpflichtung, der die Glückswürdigkeit für denjenigen entspricht, der der Pflicht folgt. Der Würdigkeit folgt erfahrungsgemäß nicht immer das Glück, oft das Gegenteil, aber im Bewußtsein der Würdigkeit ist, so Fichte, die Zuversicht enthalten, daß – wenn auch nicht in diesem Leben – dem Würdigen das Glück zu teil wird. In dieser Zuversicht liegt zugleich das Vertrauen darauf, daß die gebietende Vernunft letztendlich sich durchsetzt, daß also die Dinge dieser Welt nach den Gesetzen der Vernunft wirklich geordnet sind. Das Vertrauen auf diese Ordnung einer moralischen Welt ist für Fichte das Wesentliche der Religion. Wenn der Mensch nun die Beziehungen dieser Ordnung auf sich und sein Handeln in dem Begriff eines existierenden Wesens zusammenfaßt und Gott nennt, so ist dies eine Folge seiner Endlichkeit; dementsprechend haften jenem Begriff auch alle Merkmale der Endlichkeit an, die ursprünglich gerade nicht gedacht sind. Es ist selbstverständlich, daß Fichte alle Begriffe, die Endliches beinhalten, von Gott als unzureichend abhält, zum Beispiel den Begriff der Person; eine Person ist ja gerade durch Aufruf einer anderen Person eine Person, damit aber auch durch die andere begrenzt und endlich. Ein solcher Gottesbegriff ist gegenüber dem der moralischen Weltordnung sekundär, und nicht in der Verehrung eines, wie beschrieben, gedachten

Gottes besteht das Wesen der Religion, sondern in der Pflichterfüllung. *Moralität und Religion sind absolut Eins.*[97]

Man darf Fichte glauben, daß er davon überzeugt war, keinen Atheismus vertreten zu haben, und es fällt heute einem Philosophen schwer, in Fichtes Darlegungen auch nur den Schein des Atheismus zu sehen. Fichtes Zeitgenossen aber wurde hier ein – auch gegenüber Kant – neuer Gottesbegriff präsentiert, der die hergebrachte Denkweise außer Kraft setzte.

Gegen diese zieht Fichte im zweiten, größeren Teil seiner *Appellation* zu Felde. Der Gott seiner Gegner ist ihm ein Götze, indem er für das sinnliche Wohlergehen der an ihn Glaubenden in Anspruch genommen wird ohne Rücksicht auf Moralität. Dieses Götzenbild ist weder mit der Vernunft vereinbar, noch kann es aus einem guten Herzen stammen. Es ist dem Staate weit eher schädlich als Fichtes auf unbedingte Pflichterfüllung dringende Denkweise, als deren Vertreter Fichte neben dem Theologen Johann Joachim Spalding und Friedrich Heinrich Jacobi auch das Mitglied des Dresdner Oberkonsistoriums Franz Volkmar Reinhard nennt. Angesichts der Grundlosigkeit der Atheismusbeschuldigung fordert Fichte Kursachsen auf, den Konfiskationsbefehl zurückzunehmen.

Die Reaktion auf die *Appellation* übertraf die auf die *Offenbarungskritik* bei weitem. So wandte sich der Philosophieprofessor und Kantianer Ludwig Heinrich Jacob an Fichte, mit dem er in eine Kontroverse verwickelt war, und äußerte seinen «Unwillen gegen das ungerechte Verfahren Ihrer Feinde»[98]. Fichte hat einen großen Teil derer, die sich in der Öffentlichkeit zu äußern pflegten, zumindest darin auf seine Seite gezogen, daß die Anklage des Atheismus grundlos sei. Diese Urteile werden nicht nur in Briefen an Fichte überliefert, sondern finden sich auch in zeitgenössischen Briefen, die nicht an ihn gerichtet sind. Der Theologieprofessor Werner Karl Ludwig Ziegler aus Rostock beispielsweise findet es ganz in der Regel, «daß in einem philosophischen Journal auch von Atheismus gesprochen werden muß»[99]. Wieland äußerte sich, man «müsse jetzt Fichtes Sache verteidigen, weil sie die Sache der allgemeinen Preß- und Denkfreiheit sei»[100]. Es wird aber auch Kritik laut, die Fichtes Ton betrifft. Lavater weist Fichte freundschaftlich auf das Unangemessene seiner Redeweise hin: «Sie, lieber Fichte, sind so sehr aufgebracht, daß man Sie des Atheismus beschuldigt, und Sie erlauben sich gegen andere unaufhörlich der Scheltworte Abgötter, Götzendiener, Atheisten, Lügner, unbarmherzige Verfolger, Schöpfer eines heillosen Götzen.»[101] Repräsentativ ist Schillers Urteil, das er Fichte am 26. Januar schreibt. Es ist für Schiller gar keine Frage, daß Fichte sich von der Beschuldigung des Atheismus völlig gereinigt habe. Seine persönliche Meinung sei, Fichte hätte besser getan, seine Religionsphilosophie ohne Bezug auf den Konfiskationsfall darzulegen. «Dagegen hätte ich», fährt Schiller fort, «wenn ja etwas gegen die Konfiskation Ihres Journals gesagt werden mußte, freimütig und mit Gründen bewiesen, daß das Verbot Ihrer Schrift, selbst wenn sie wirklich atheistisch wäre, noch immer unstatthaft bleibe; denn eine aufgeklärte und gerechte Regierung kann keine

Schiller.
Zeichnung von Johann Gottfried Schadow, 1804

theoretische Meinung, welche in einem gelehrten Werke für Gelehrte dargelegt wird, verbieten. Hierin würden Ihnen alle, auch die Philosophen von der Gegenpartei, beigetreten sein, und der ganze Streit wäre in ein allgemeines Feld, für welches jeder denkende Mensch sich wehren muß, gespielt worden.»[102] Das Letztere ist Fichte entgegen den Bedenken Schillers gelungen. Aber Fichte hat durch seinen Ton manchen verprellt. Schiller macht ihn auch darauf aufmerksam; er hätte gewünscht, daß Fichte dem ganzen Vorgang nicht die Konsequenzen für seine persönliche Sicherheit eingeräumt hätte. Nichts dergleichen wäre von der Weimarer Regierung zu befürchten gewesen. Er, Schiller, habe mit jedem, der in der Fichteschen Sache eine Stimme habe, in letzter Zeit gesprochen, auch mit dem Herzog. «Dieser erklärte ganz rund, daß man Ihrer Freiheit im Schreiben keinen Eintrag tun würde und könne, wenn man auch gewisse Dinge nicht auf dem Katheder gesagt wünsche. Doch ist dies letzte nur seine Privatmeinung, und seine Räte würden auch nicht einmal diese Einschränkung machen. Bei solchen Gesinnungen mußte es nicht den besten Eindruck auf diese Letzteren machen, daß Sie so viel Verfolgung befahren.»

Schillers Worte werden ergänzt durch Goethes ironische Bemerkung: «Das Kind singt im Finstern, wenn es Gespenster fürchtet. Ihm brandert es schon ... darum schreit er vom Scheiterhaufen.»[103] Umgekehrt aber ist auch zu bemerken, daß A. W. Schlegel meinte, wenn Fichte unterläge, «so sind die Scheiterhaufen wieder ganz nahe herbeigekommen»[104]. Der letzte hatte erst vor genau 50 Jahren in Deutschland gebrannt.

Folgenschwer aber war, daß Fichte die Weimarer Regierung, darunter auch Goethe und Voigt, verprellt hatte. Inzwischen nämlich war die kursächsische Beschwerde in Weimar eingegangen, und der akademische Senat in Jena hatte die Anweisung erhalten, die Herausgeber des «Philosophischen Journals» zur Rechenschaft zu ziehen.

Dies geschah am 10. Januar, und die Herausgeber verfaßten eine Verteidigungsschrift, die sie am 18. März einreichten.[105] In diesem Zeitraum sind vier Rezensionen der *Appellation* erschienen, von denen Fichte drei mit Sicherheit gekannt hat. Wie wichtig den drei Rezensenten die *Appellation* war, geht aus den Erscheinungsdaten der Rezensionen hervor; es waren der 8., 9. und 12. Februar. Die Rezensenten müssen unmittelbar, nachdem sie die *Appellation* erhalten haben, zur Feder gegriffen haben. Fichte konnte mit Recht behaupten, alle hätten *ihre Verwunderung bezeugt, wie man eine Lehre, wie die meinige, für atheistisch, für irreligiös, für gefährlich habe halten können*[106]. Wenn auch Fichtes Ton getadelt wird, so wird nicht nur Fichte vom Vorwurf des Atheismus freigesprochen, sondern auch das Recht der Philosophen zur Diskussion atheistischer Positionen betont. In den «Neuen Würzburger gelehrten Anzeigen» heißt es prägnant: «Gegen das Räsonnement des Gelehrten kann nur durch Schlüsse, nicht durch Dekrete und Kabinetts-Befehle prozediert werden.»[107] Solche Zitate ließen sich beliebig vermehren; sie zeigen deutlich, daß die literarische Öffentlichkeit die Konfiskation des Journals als einen Angriff gegen die Freiheit der Wissenschaften begriffen hat. Dementsprechend forderte sie, daß sich die Regierungen aus dem wissenschaftlichen Diskurs heraushielten und vor allem die Freiheit wissenschaftlicher Publikation nicht antasteten.

Drei Flugschriften erschienen ebenfalls in diesem Zeitraum, eine von August Wilhelm Rehberg, den Fichte im *Beitrag* heftig angegriffen hatte und der es Fichte nun heimzahlte, zwei, die für Fichte eintraten.

In den ersten Monaten des Jahres 1799 stehen die Dinge für Fichte nicht schlecht. Seine Philosophie wird zwar hie und da, wie auch schon früher, für atheistisch gehalten, jedoch nur von einer Minderheit; selbst von dieser Minderheit erklärt sich aber der überwiegende Teil gegen jede Beschränkung der Pressefreiheit für Wissenschaftler.

Das Publikum, die Öffentlichkeit, artikulierte sein Interesse; dieses war aber nicht das der Regierenden. Dies geht schon aus Voigts erster Stellungnahme zu der aus Kursachsen eingelaufenen Anklage hervor. Am 25. Dezember 1798 schlägt er Goethe die Vernehmung der Beschuldigten vor. «Denn es muß etwas geschehen, weil Kursachsen ... droht, außerdem seinen Landeskindern den Besuch von Jena zu verbieten, was, besonders wegen der auswärtigen Wirkung, unsre theologische Fakultät ruinieren könnte.»[108] Das Interesse der Regierung ist es, die Universität zu erhalten und Schaden abzuwehren. Darin sieht Voigt sich durch die Aufsätze im «Philosophischen Journal» gestört, und der Ärger bricht aus ihm heraus: «Daß doch die verruchten Philosophen für ihren ungeheuern Dünkel alle Klugheit verlieren!»[109] Voigt schlägt ein kurzes und schlichtes Schreiben an die Universität vor, welches nebenbei den Nutzen habe, «daß die Herren etwas behutsam werden, weil Herr Paulus ... und andere auch nicht immer ihre Weisheit bei sich behalten können». Schon hier wird deutlich, das Interesse an der Erhaltung der Universität steht über dem an der Freiheit der Wissenschaft. Die Publikationsfreiheit wird zwar nicht offiziell eingeschränkt, aber es wird umgekehrt erwartet, daß die Schriftsteller Rücksicht auf die Interessen der Regierung nehmen.

Der Herzog hat sich «gewaltig geärgert», wie er am 26. Dezember an Voigt schreibt. Weniger, daß Fichte seinen Aufsatz veröffentlicht hat, vielmehr, daß er die Thesen dieses Aufsatzes wohl vom Katheder herab lehre, stört ihn. Diese Vermutung traf nur zum Teil zu; Fichte hatte seine Religionsphilosophie noch nicht ausgearbeitet und die Probleme derselben nur gelegentlich berührt. Die Anstellung Fichtes war dem Herzog immer gewagt vorgekommen, er «kannte auch das saubere Buch nicht, das ihn dazumal berühmt machte», hier scheint Karl August die *Offenbarungskritik,* die Fichtes Ruhm begründete, mit dem *Beitrag,* den ein Fürst nur mit einem zornigen «sauber» charakterisieren konnte, zu verwechseln. Der Berufung eines solchen Mannes hätte der Herzog kaum zugestimmt. Zu «leugnen ist es nicht, daß dazumal wo der Zeitpunkt weit kritischer wie der jetzige war, es der öffentlichen Meinung sehr ins Gesicht geschlagen hieß, einen sich öffentlich bekennenden Revolutionisten nach Jena als Lehrer zu berufen; die nützlichen Folgen spüren wir davon jetzt; wir werden unsere ganze Universität ruinieren, um der geschmacklosen Torheit einer ephemeren Geisteskrankheit zu schonen. Menschen, die nicht wissen, was sie der allgemeinen Schicklichkeit zuliebe verschweigen oder wenigstens nicht öffentlich sagen sollen, sind höchst unbrauchbar und schädlich.» Zum Schluß faßt der Herzog zusammen: «Es geht platterdings nicht an, daß man so leichtsinnig glaube, man könne die Meinung seiner Nachbarn oder Mitmenschen, von denen man leben und zehren muß, so leicht beherrschen und ihr imponieren.»[110] Wieviel der Herzog von Fichtes *Revolutionsschriften* verstanden hat, mag dahingestellt bleiben, für ihn jedenfalls war er ein Revolutionär, der sich den Teufel darum scherte, ob er dem Fürsten ein brauchbares und nützliches Subjekt abgebe. Wenn man auch heute keine Sympathie für den Standpunkt des Herzogs aufbringen kann, so bleibt doch zu beachten, daß die Rücksicht auf die allgemeine Schicklichkeit, die er anspricht, die Blüte der Universität Jena mit ermöglicht hatte. Sollte ein Bauernlümmel die geheiligten Konventionen ungestraft durchbrechen dürfen? Auch Goethe blieb nicht ungeschoren; der Herzog warf ihm vor, in Jena zu

*Karl August, Herzog von Sachsen-Weimar-Eisenach.
Lithographie nach einem Gemälde von Georg Melchior Kraus*

wenig zur Ordnung gemahnt zu haben. Eine «Strafrede» nannte der Gescholtene das Schreiben.

Im Februar registrierte Voigt die positiven Rezensionen der *Appellation* und umgekehrt, daß sie auch dem Herzog gelegen gekommen seien, da sie ihm eine Handhabe gegen Kursachsen gegeben hätten.[111] Voigt kannte Fichte sehr genau und glaubte schon am 25. Februar, «daß, wenn Fichte am Ende auch nur eine Mißbilligung zugefügt wird, so erträgt diese sein Stolz nicht, sondern er gehet von selbst»[112]. Während sich also die Öffentlichkeit im Interesse der Pressefreiheit hinter Fichte stellte, dachte der Hof daran, sich und die Universität aus der Affäre zu ziehen. Dazu

Goethe. Kreidezeichnung von Friedrich Bury 1800

mußte er das Gesicht wahren, einesteils die Pressefreiheit der Professoren respektieren, anderenteils Kursachsen zufriedenstellen. Bemerkenswert ist, daß niemand am Hof Fichte Unrecht vorgeworfen hat. Daher ist durchaus glaublich, was Schiller Fichte von der Stellung des Hofes zu seiner Sache berichtet hat. Da nicht nur die literarische Öffentlichkeit für Fichte gesprochen hatte, sondern auch Braunschweig eine Konfiskation abgelehnt hatte, in Hannover Wert darauf gelegt wurde, daß Universität und Kirchenführung nicht an der Konfiskation beteiligt waren, da sich abzeichnete, daß auch Berlin das kursächsische Ansinnen zurückweisen werde, hätte der Weimarer Hof sich mit einer Alibiaktion gegen Fichte und Niethammer, etwa einem Verweis wegen Unvorsichtigkeit und einer Mahnung zur Vorsicht, daß in Zukunft kein Anstoß gegeben werde, aus der Affäre ziehen können. Den Spielregeln wäre genüge getan gewesen, die Sache vermutlich im Sande verlaufen. Voigt aber glaubte, daß Fichte nicht mitspielen werde; dann aber hätte man nicht nur Kursachsen genug getan, man wäre nicht nur der liberale Hof geblieben, als der man gelten wollte, man wäre auch jemanden los geworden, der die Spielregeln nicht beachten wollte. Diese Lösung wäre dem Hof die wünschenswerteste gewesen – und sie sollte sich einstellen.

Am 18. März sandten die Herausgeber des «Philosophischen Journals» ihre *Verantwortungsschrift* unmittelbar an den Herzog von Weimar[113], am 22. März leitete Voigt sie an Goethe weiter[114]. Die Herausgeber hatten sich die Arbeit geteilt, Fichte verteidigte sich als Autor, Niethammer sprach für die Herausgeber; der Inhalt der Ausführungen wurde von beiden vertreten, der Vortrag vom jeweiligen Verfasser.

Fichte untersucht zunächst die Frage, ob überhaupt atheistische Schriften gedruckt werden dürfen und sodann, ob die beiden angeklagten Aufsätze wirklich atheistisch seien; er bejaht die erste und verneint die zweite. In einem zweiten Teil führt Fichte die Anklage auf das «Schreiben eines Vaters» zurück, berichtet von Gablers Protest gegen die Behauptung, er sei der Verfasser desselben, und beschuldigte einen Kollegen aus Jena der Verfasserschaft. Diese Beschuldigung war falsch und ungerechtfertigt. Im dritten Teil geht Fichte auf ein Vorurteil ein, das ihm seiner Meinung nach überhaupt erst die Anklage des Atheismus eingebracht hat. *Ich bin ihnen ein Demokrat, ein Jacobiner; dies ist's. Von einem solchen glaubt man jeden Greuel ohne weitere Prüfung. Gegen einen solchen kann man gar keine Ungerechtigkeit begehen. Hat er auch diesesmal nicht verdient, was ihm widerfährt, so hat er es ein andermal verdient. Recht geschieht ihm auf jeden Fall; und es ist politisch, die das wenigste Aufsehen erregende, die populärste Anklage zu ergreifen, um seiner habhaft zu werden.*[115] Fichte wehrt sich dagegen, die Anarchie, welcher Begriff mit unter dem des Demokratismus begriffen wurde, gepredigt zu haben; allerdings will er lieber gar nicht sein, *als der Laune unterworfen sein, und nicht dem Gesetz*[116]. Dieses nämlich gibt ihm die Ruhe und Sicherheit, deren er zu einem Leben der Spekulation bedarf.

Niethammer legte dar, die Herausgeber hätten kein Zensurgesetz übertreten und die Freiheit, die das Gesetz einer philosophischen Zeitschrift erteilt, mit Behutsamkeit und Vorsicht gebraucht. Die Darlegung ist erheblich sachlicher als die Fichtes, vor allem beschränkt sie sich darauf, die erhobenen Vorwürfe zurückzuweisen. Fichtes Verteidigung ging in ihren beiden letzten Teilen wesentlich darüber hinaus. Während man seiner Meinung, daß der Demokratismusverdacht gegen ihn die tiefere Ursache der Anklage gewesen sei, zustimmen muß, so ist doch die Beschuldigung eines zwar übel Beleumundeten, aber in dieser Sache doch Unschuldigen nicht zu rechtfertigen.

Fichte ist weit über das Ziel hinausgeschossen; aber das war noch nicht das Schlimmste. Selbst die Tatsache, daß er den Grund des Mißtrauens gegen ihn – auch den seines Fürsten – benannt hatte, konnte bei der für ihn günstigen Lage der Dinge nicht zu einem Mißerfolg ausschlagen. Jedoch schrieb Fichte am 22. März einen Brief an Voigt, den er zuvor seinem Kollegen Paulus zur Kenntnis brachte, welcher sich «völlig einverstanden» erklärte.[117] Fichte betont zunächst, daß seine Lehre bislang gänzlich mißverstanden sei. Dann aber geht er unmittelbar zum Angriff über: *Die*

Fichte. Kreidezeichnung von Friedrich Bury, 1800

Frage, warum man einen Professor der Philosophie, der weit entfernt ist, Atheismus zu lehren, zur Verantwortung zieht, und den General Superintenden dieses Herzogtums, dessen publizierte Philosopheme über Gott dem Atheismus so ähnlich sehen, als ein Ei dem andern, nicht zur Verant-

wortung zieht, – diese Frage, die ich aus Diskretion nicht getan, wird nächstens ein andrer tun, wenn ich es nicht verbitte, und ich werde es sicher nicht verbitten, wenn man noch einen Schritt gegen mich vorwärts tut.[118] Fichte bezieht sich hier auf Herders Schrift «Gott», in der Herder Spinoza zu rechtfertigen gesucht hatte. Angeblich soll Schelling derjenige gewesen sein, der die Frage stellen sollte; er habe aber eingesehen, daß er damit nur Herder schaden, Fichte aber nicht nützen werde, und das Vorhaben aufgegeben. Wie dem auch sei, Fichtes Hinweis auf Herder ist durchaus berechtigt; in einem traditionellen Lehrbuch der philosophischen oder auch theologischen Gotteslehre war Herders Gott nicht zu finden. Fichte droht, weil er fürchtet, ihm werde mit Rücksicht auf Kursachsen ein derber Verweis erteilt und darauf gerechnet, er werde ihn demütig hinnehmen. Darauf aber ist, wie Fichte rundheraus erklärt, nicht zu rechnen: *Ich darf das nicht; ich kann es nicht. – Ich darf nicht. Mein Benehmen in dieser ganzen Sache vom Anfang bis hieher ist meiner innigsten Überzeugung nach nicht nur tadellos, sondern preiswürdig; und es ist verächtlich, das Preiswürdige ... öffentlich schelten zu lassen.*[119] Diese Briefpassage erinnert an den Prozeß des Sokrates, der, der Gottlosigkeit schuldig gesprochen, als Strafe eine der höchsten Ehrungen Athens forderte. Sokrates hatte durch seine Forderung das Todesurteil provoziert – wußte Fichte nicht davon?

Weiter führt er aus, er könne einen solchen Verweis nicht hinnehmen, da er in einer Lage sei, *die die strengste Unbescholtenheit zur Bedingung meiner Existenz macht*. Im Falle eines Verweises würde Fichte *nichts übrig sein, als den Verweis durch Abgebung meiner Demission zu beantworten; und sodann, zu meiner eigenen Rechtfertigung, den Verweis, die Abgebung der Demission, und diesen Brief, den ich mir gegenwärtig die Ehre gebe, Euer Hochwohlgeboren zu schreiben, der allgemeinsten Publizität zu geben*[120]. Das nun war es, worauf Voigt gewartet hatte; einen größeren Gefallen hätte Fichte ihm nicht tun können. Fichte fügt dem Gesagten noch eine weitere Drohung hinzu, nämlich die, daß mit ihm weitere berühmte Professoren die Universität verlassen und ein neues Institut gründen würden, falls Fichtes Lehrfreiheit verletzt werde.

Fichte hatte sich persönlich, nicht auf dienstlichem Wege an Voigt gewandt, es aber seiner Weisheit überlassen, *inwiefern Sie von dem, was ich Ihnen sagen werde, weiteren Gebrauch zu machen, oder lediglich Ihre eigenen Ratschläge und Maßregeln dadurch bestimmen lassen wollen*[121]. Voigt handelte seiner Weisheit entsprechend: es war nämlich die Weisheit einer fürstlichen Regierung.

Voigt legte den Brief dem Herzog vor, der sich schleunigst für die Erteilung eines Verweises und Annahme der Demission entschied. Die Maßnahme begründete Voigt dem Minister von Frankenberg aus Gotha so: Man wolle handeln, bevor sich Fichte anders besänne; eine Regierung dürfe sich eine solche Vorschriftlichkeit und Arroganz nicht bieten lassen, wenn sie nicht Schlimmeres in Zukunft hinnehmen wolle. Kursachsen wird zufrieden gestellt, ohne daß Weimar der Vorwurf der Intoleranz gemacht werden kann. Die Universität wird von einer auffallenden Lehre befreit und ihr Ruf gerettet; daß Kollegen Fichte folgen könnten, hält Voigt für eine leere Drohung.

Während man in Weimar die Sache eilig vorantrieb, versuchte Paulus dort den Geheimen Rat Johann Christoph Schmidt zu sprechen, wurde aber, wie Voigt Goethe meldete, nicht vorgelassen. Am 1. April gingen die Schriftstücke nach Jena ab. Der Herzog ließ die Frage nach dem Atheismus dahingestellt sein, erkannte aber auf Unvorsichtigkeit der Herausgeber, die der Senat denselben verweisen sollte. Zugleich wurden alle Hochschullehrer angewiesen, sich solcher Lehrsätze, die der allgemeinen Gottesverehrung widersprechen, in ihren Vorlesungen zu enthalten. In einer Nachschrift wird Fichtes Rücktritt angenommen und jedem, der Fichte folgen will, die Annahme seines Rücktritts in Aussicht gestellt. Zugleich erging Anweisung, Fichtes Gehalt im Juni zum letztenmal auszuzahlen.[122]

Entgegen der herzoglichen Anweisung hielt der Senat den Verweis zurück, vermutlich auf Betreiben von Paulus, gab aber Fichte informell Kenntnis davon. Paulus bewog Fichte nun, einen neuen Brief an Voigt zu schreiben, in dem er erklärte, er habe seine Entlassung nur für den Fall als unumgänglich angesehen, als seine Lehrfreiheit eingeschränkt würde; eine kleine Demütigung, wie der ihm zugedachte Verweis der Unvorsichtigkeit könne er ertragen. Tags darauf, am 3. April, übergab Paulus diesen Brief persönlich in Weimar an Voigt. Dieser zeigte ihm die kalte Schulter; man hatte erreicht, was man wollte, nämlich Fichte so zu entfernen, daß man das Gesicht wahren konnte, und niemand dachte nun mehr daran, das Erreichte preiszugeben. Eine Eingabe der Studenten wurde gnädigst zurückgewiesen. Fichte war verabschiedet.

Es kann keinem Zweifel unterliegen, daß der Hof die Gelegenheit gesucht hatte, Fichte zu entlassen. Ebensowenig zweifelhaft ist, daß Fichte mit seinem Brief an Voigt vom 22. März diese Gelegenheit gegeben hat. Das Verhalten Voigts ist beispielsweise von dem preußischen Gesandten Christian Konrad Wilhelm von Dohm als Mißbrauch eines Privatschreibens und Verrat an Vertrauen getadelt worden.[123] Es fragt sich aber, warum Fichte die Gelegenheit zu diesem Vertrauensbruch gab. Fichte hat die Verantwortung für seine beiden Briefe an Voigt auf Paulus geschoben.[124] Es ist aber kaum glaubhaft, daß Fichte zu bewegen war, Briefe zu schreiben, die er nicht selbst verantworten wollte. Es zeigt sich auch, daß Fichtes Verhalten einem für ihn alten Muster folgt. Wo er in Schwierigkeiten gerät, geht er. Von Krokow und Zürich ist er weggegangen, vor Johanna und seinem eigenen Gewissen floh er, aus Schulpforta riß er aus, und schließlich ist er im zarten Alter aus seinem Elternhaus fortgegangen, und man darf annehmen, daß dieser Weggang wenigstens nicht gegen seinen Willen geschah. Wo man ihn nicht schätzte, wie er es sich wünschte, ging Fichte weg. In Jena wiederholte sich, was in Rammenau zum erstenmal geschehen war. In Schulpforta hatte es ein Happy-End gegeben; Fichte war zurückgekommen und wieder aufgenommen worden. Jetzt half eine Rückkehr nicht mehr; man nahm ihn beim ersten, nicht beim zweiten Wort.

Johanna Fichte hat das Verhalten ihres Mannes als Stolz erkannt und war frei genug, ihm dies deutlich zu schreiben. Fichte reagierte äußerst gereizt; offensichtlich fühlt er sich in der alten Wunde verletzten Stolzes getroffen.

Herrschaftsinteressen einerseits und Fichtes Charakter andererseits haben zu diesem Ende der Streitsache das Ihre beigetragen. Sie endete nicht nach Fichtes Wünschen, aber auch nicht nach denen der Regierenden. Goethe soll sich gegen Fichte ausgesprochen haben mit den Worten: «Ein Stern geht unter, der andere erhebt sich!»[125] Gemeint war Schelling, dessen Stern sich in der Tat erhob. Aber nicht nur dieser Stern, sondern viele Professoren, die zum Ruhm der Universität Jena beigetragen hatten, verließen bald Jena. In Jena kehrte Ruhe ein, jene Ruhe, die sich dort verbreitet, wo freie geistige Tätigkeit erstickt.

Trennungen

Fichte hatte sein 37. Lebensjahr nicht ganz vollendet, als ihn die Entlassung traf. Der Schlag war hart; die festen, wenn auch nicht hohen Einkünfte waren ebenso wie die Kolleggelder verloren. Als Erwerbsquelle blieb nur die Schriftstellerei. Zum Glück hatte Fichtes Frau Vermögen, und es war wohl auch in Jena einiges gespart worden. Zunächst war ein neuer Wohnort zu suchen; *denn*, so schreibt Fichte am 22. April an Reinhold, *Sie können es sich kaum denken, wie man sich gegen mich beträgt*[126]. Jacobi berichtete er am selben Tage, daß man sage, er habe seine Lehrstelle selbst aufgegeben, er selber aber behaupte, *daß man sie mir durch eine unwürdige List genommen*[127]. Daß Fichte aber vom Instanzenweg abgewichen ist und seinen verhängnisvollen Privatbrief geschrieben hat, reut ihn: *Das Verdrießlichste bei der ganzen Sache, lieber Jacobi, ist dies, daß nicht einmal ich selbst mit mir zufrieden sein kann.*[128] Fichte ging in sich; der Ton seiner Briefe ist um etliches verbindlicher als in früheren Zeiten.

Mit Fichtes Entlassung war zwar die Entscheidung im Streit gefallen, nicht aber der Streit beendet. Fichte gab in Eile seine und Niethammers Verantwortungsschriften in den Druck; am 9. Juni schon lag das Buch unter dem Titel: *Der Herausgeber des Philosophischen Journals gerichtliche Verantwortungsschriften gegen die Anklage des Atheismus* vor.[129] Die meisten Rezensenten sprachen Fichte von der Beschuldigung des Atheismus frei; in Streitschriften – die Fichte-Gesamtausgabe zählt deren insgesamt 37 auf[130] – und Zeitschriftenaufsätzen geht die Diskussion noch länger weiter.

Fichte kümmerte sich sogleich nach seiner Entlassung um eine neue Wirkungsmöglichkeit, zumindest um einen neuen Wohnsitz. Er wandte sich in die Schweiz und nach Mainz, das damals zur französischen Republik gehörte; die Bemühungen fruchteten aber nichts. Eine Bitte an den Logenbruder und Fürsten von Rudolstadt um Wohnrecht wurde auf Betreiben Weimars abgelehnt. Man beobachtete Fichte argwöhnisch, und Voigt überlegte im stillen, was gegen Fichte zu unternehmen wäre, wenn er in Jena bliebe und gar philosophische Übungen abhalten wollte.

Soweit kam es nicht. Fichte wurde durch den schon genannten Herrn von Dohm darauf aufmerksam gemacht, sich nach Berlin zu wenden. Zu diesem Zweck wandte er sich an Friedrich von Schlegel in Berlin, der sich zunächst mit gutem Rat hilfreich erwies. Gemäß diesem reiste Fichte An-

*Friedrich von Schlegel.
Kohlezeichnung von Johann Gottfried Schadow, 1797*

fang Juli in aller Stille nach Berlin, wo er am späten Abend des 3. Juli eintraf. Zwei Tage später erhielt Fichte einen Besuch vom Polizeiinspektor, dem er erzählte, er sei zum Vergnügen in Berlin und wisse nicht, wie lange er bleibe. So hatte Schlegel es geraten.

Fichte lebte in Berlin zurückgezogen, knüpfte aber doch wichtige Verbindungen an. Auf diese Weise gelang es ihm, seinen Aufenthalt selbstverständlich zu machen. Im Dezember war es dann so weit, daß Fichte nach Jena zurückkehren und nach Erledigung der dortigen Geschäfte im März 1800 mit seiner Familie nach Berlin übersiedeln konnte.

Während Fichtes erstem Aufenthalt in Berlin ist die *Bestimmung des Menschen* entstanden. Obwohl sie nicht *für Philosophen von Profession bestimmt*[131] ist, so geht doch das letzte der drei Bücher, in die das Werk aufgeteilt ist, schon im philosophischen Gedanken ein Stück weiter, als Fichte bisher gegangen war. Fichte reflektierte, darauf ist noch einzugehen, seine Philosophie noch einmal neu.

Fichte gewann in Berlin bald sein altes Selbstvertrauen zurück, zugleich auch seine Arroganz. Kritik wollte er schon bald nicht mehr hinnehmen; Johanna, es wurde schon darauf hingewiesen, erhielt dies bald zu spüren. Aber auch Reinhold und Jacobi bekamen ihr Teil ab. Die Krise der Eheleute Fichte löste sich noch vor Fichtes Rückkehr nach Jena, alle anderen führten letztlich zur Trennung.

Zuvor hatte Fichte einen weiteren Schlag hinzunehmen. Ein Rezensent hatte im Januar 1799 Kant öffentlich aufgefordert, sich zu Fichtes Wissenschaftslehre zu äußern. Im «Intelligenzblatt der Allgemeinen Literatur-Zeitung» vom 28. August 1799 erklärt Kant daraufhin, daß er Fichtes Wissenschaftslehre «für ein gänzlich unhaltbares System halte»[132]. Die Wissenschaftslehre sei nichts weiter als bloße Logik; an der Metaphysik nach Fichtes Prinzipien aber sei er nicht gestimmt Anteil zu nehmen, wie er ihm schon früher geschrieben habe. Im übrigen verstehe er, Kant, seine Philosophie keinesfalls als eine Propädeutik, über die zum System hinausgegangenen werden könne; sie sei das System selbst, «auf einer völlig gesicherten Grundlage ruhend, auf immer befestigt, und auch für alle künftigen Zeitalter zu den höchsten Zwecken der Menschheit unentbehrlich»[133]. Es ist erwiesen, daß Kant die Wissenschaftslehre nie gelesen hat, und es wird vermutet, daß er auf Betreiben Dritter seine Erklärung in die Presse gegeben hat.

Schelling hatte Fichte zu einer Antwort aufgefordert und ironisch bemerkt, Kant spreche über die Wissenschaftslehre «im vornehmen Tone»[134]. Die Ironie liegt darin, daß Kant sich in seiner Abhandlung «Von einem neuerdings erhobenen vornehmen Tone» von vorgeblichen Philosophen, die ohne Arbeit die Einsicht erlangen wollen, absetzt. Schelling war nicht entgangen, daß Kant über etwas schrieb, was er nicht kannte.

Fichte antwortete Schelling. Dieser veröffentlichte mit Erlaubnis des Verfassers einen Monat nach Kants Erklärung Fichtes Antwort im «Intelligenzblatt der Allgemeinen Literatur-Zeitung». Dieser Brief ist durchaus frei von jeglicher Polemik; Fichte beruft sich auf einen von Kant angeführten Brief, in dem dieser mitgeteilt hatte, daß Altersschwäche ihn hindere, an den neueren Spekulationen Anteil zu nehmen. Er, Fichte, habe dies ernst genommen und sich an seinen Rat gehalten, den Kant ihm vor acht Jahren gegeben habe: *immer auf meinen eigenen Füßen zu stehen*[135].

Fichtes souveräne Zurückweisung der Kantischen Erklärung fand allgemeine Anerkennung. Frau Fichte konnte aus Jena melden: «Jedermann freut sich darüber.»[136]

Das persönliche Verhältnis von Fichte zu Kant war zerstört; an dem wissenschaftlichen Verhältnis zu Kant änderte sich für Fichte nichts. Bis zu seinem Tode hat Fichte von Kant mit der größten Hochachtung gesprochen.

Der zweite Philosoph seines Zeitalters, den Fichte überaus schätzte, war Jacobi. Dieser hatte Anfang 1799 einen ausführlichen Brief an Fichte

Schelling. Pastellbild von Friedrich Tieck, 1801/02

geschrieben, der dann in umgearbeiteter Form im Herbst gedruckt vorlag. Hier zeigten sich deutlich die Differenzen in der Sache. Die Durchdringung des Wissens hatte Fichte gelehrt, daß alles Wissen Bild ist. Weiß man beispielsweise, daß man ein Buch in der Hand hält, so ist das Wissen ein Bild von Buch und Hand, nicht noch einmal die Sache selbst. Dieser Satz ist zwar selbstverständlich, gleichwohl aber folgenreich. In ihm nämlich ist unterschieden zwischen dem Wissen und der Sache; diese Unterscheidung aber ist eine des Wissens. Man weiß etwas vom Wissen, und man weiß etwas von der Sache, nämlich daß sie unterschieden sind. In dieser Unterscheidung ist man somit beim Wissen bzw. bei Bildern, nämlich einem Wissen vom Wissen und einem von der Sache, nicht aber bei der Sache selbst. Mit anderen Worten: Was man weiß, ist immer eine Leistung des Bewußtseins, es sind Bilder, nur Bilder, die sich im Wissen verbinden. Anders ausgedrückt, was wir wissen, ist Leistung und Entwurf unseres Bewußtseins. Wenn man nun Wissen als Wissen von Sachen definieren will, so lehrt die Wissenschaftslehre, daß dieses vielmehr Nichtwissen ist. Die Frage ist für Fichte nun, ob denn das Wissen um das Wissen nicht ein Wissen einer Realität, einer Sache sagten wir oben, sei. Fichte hatte schon klargestellt, daß das Wissen sich selbst erfaßt; darauf hatte er

Kant. Miniatur von Vernet, 1795

seine Wissenschaftslehre begründet. Was er jetzt reflektiert, ist, daß das Wissen eben Wissen bleibt, und nicht über dem Wissen des Wissens zu einer Sache, einer Realität wird. Wenn aber das Wissen von seinem Wesen her Bild ist, also abbildet, so muß es etwas abbilden, wenn es wahres Wissen ist; Wissen an sich ist leeres Wissen, Bild von Bildern. Die Reflexion des Wissens enthüllt es als leeres Nichtwissen. Soweit weiß sich Fichte mit Jacobi einig. *Aber was will denn Er mit seinem Nichtwissen anfangen?* fragt Fichte in einem Brief an Reinhold. *Etwa in die leere Stelle nach Herzenslust ... hineinpflanzen nach seiner Individualität ...? – Dies ist nun keineswegs meine Rechnung.*[137]

Über Fichtes *Rechnung* wird noch zu berichten sein; der Briefwechsel mit Jacobi kommt zum Erliegen. Fichte hatte wohl die Hoffnung aufgegeben, sich schriftlich hinreichend deutlich machen zu können. Ende März 1804 greift Fichte nochmals zur Feder und schließt sich der Bitte der in Berlin weilenden Schriftstellerin Frau von Staël an, Jacobi möchte sie in Berlin besuchen. Ein weiterer wissenschaftlicher Disput der beiden Männer kam nicht mehr zustande. Auch die persönlichen Beziehungen beider waren durch den Atheismusstreit einer Belastung ausgesetzt. Jacobi hatte zwar Hilfe angeboten, so beispielsweise eine Wohnung in seinem Haus in Pempelfort (heute in Düsseldorf), aber er hatte Fichte auch wissen lassen, daß er mit seinem Verhalten im Atheismusstreit nicht in allem Stücken einverstanden war, und Fichte hatte ihn daraufhin in Verdacht, *doch ein heimlicher Aristokrat*[138] zu sein. Fichte war schon wieder gegen Kritik empfindlich.

Die Trennung sowohl von Kant als von Jacobi verlief für Fichte noch glimpflich. Harte Schicksalsschläge harrten seiner noch. Im Februar 1800 erhielt er einen Brief mit der Nachricht vom Tode seines Lieblingsbruders Gotthelf. Ein zweiter Brief schilderte ihm den Bruder durchaus anders, als er ihn kannte, nämlich als Säufer und Randalierer; gestorben sei er an einer venerischen Krankheit. Sein Tod sei das Ende eines ausschweifenden Lebens gewesen. Die erste Nachricht hat Fichte *rasend* gemacht und seiner *Gesundheit einen derben Stoß*[139] beigebracht; wie erst wird die zweite auf ihn gewirkt haben? Nicht nur das Leben, auch das Bild des Bruders war vernichtet.

Eine arge Enttäuschung wurde das Verhältnis zu Reinhold. Nach Fichtes Entlassung war man sich so nahe gekommen, daß man in den Briefen vom Sie zum Du überging. Als aber Reinhold Jacobis Meinung mitteilte und sich dieser anschloß, benutzte Fichte wieder das Sie. Ende 1799 hatte Reinhold Fichte auf Bardilis «Logik» aufmerksam gemacht und sein Urteil erbeten. Alsbald war Reinhold von Bardilis Schrift hellauf begeistert und beschwor Fichte, sie zu lesen. Endlich im Juli 1800 antwortete Fichte; sein Urteil über Bardili war dem Reinholds gerade entgegengesetzt. Der Ton der Briefe wird nun scharf und schärfer. Fichte rezensierte Bardilis «Logik» und sprach sich gegen sie aus. Die Rezension erschien Ende Oktober 1800. Im November war Reinhold von Fichte zu Bardili übergegangen. Ein gedrucktes Sendschreiben Reinholds an Fichte auf dessen *Bardili-Rezension* hin bestätigte den Bruch. Fichte antwortete mit einem *Antwortschreiben an Herrn Professor Reinhold ... auf dessen Sendschreiben;* Schelling erhielt es im Mai 1801 von Fichte. Schon zu Anfang des Jahres hatte Reinhold die Korrespondenz mit Fichte aufgegeben, wie ein Brief an Bardili zeigt.[140] Im Oktober 1803 unternahm Reinhold nochmals einen Versuch, mit Fichte ins Gespräch zu kommen; Fichte antwortete, indem er in einem Brief an den Verleger Friedrich Christoph Perthes diesen bat, Reinhold mitzuteilen, er sei im Augenblick durch dringende Arbeiten verhindert, persönlich zu schreiben, er werde ihm aber bald etwas Gedrucktes schicken können, das sich vorzüglich als Antwort eigne. Von weiteren Briefen ist nichts bekannt.

In Reinhold hatte Fichte jenen Bundesgenossen verloren, den er zu Recht als seinen Vorgänger betrachtete; aber auch denjenigen, der als sein prominentester Schüler galt, sollte er verlieren, Friedrich Wilhelm Joseph von Schelling. Dieser war, selber noch Student, durch Schriften, die sich eng an Fichte anlehnten, rasch als Fichte-Schüler bekannt geworden. Schelling hatte aber Fichtes *Grundlage* erst nach dem Erscheinen dieser Werke gelesen. So sehr er sich auch Fichtescher Terminologie bediente, so viele Differenzen lassen sich doch feststellen. Schelling hatte nach seinem Studium zwei junge Adelige als Hofmeister an die Universität Leipzig begleitet und sich dort auf die Naturphilosophie geworfen. Bei einem Besuch in Jena im Jahre 1798 war er mit Goethe bekanntgeworden, der seine Berufung nach Jena betrieb und zum Wintersemester 1798/99 er-

Friedrich Heinrich Jacobi. Tuschzeichnung

reichte. Fichte hatte die Berufung befürwortet; verbunden war er Schelling schon früher durch dessen Mitarbeit im «Philosophischen Journal». Schellings erstes Jenaer Semester war Fichtes letztes. Dessen Zeit war durch den Atheismusstreit in Anspruch genommen, so daß sich die beiden Kollegen nicht allzuviel besprechen konnten.

Fichte war es nicht entgangen, daß es zwischen seinen eigenen und Schellings Veröffentlichungen Differenzen gab, aber er hoffte, wie er 1801 an Schelling schrieb, *Sie würden, Zeit genug das Fehlende ersetzen*[141]. Die im Jahre 1799 gewechselten Briefe lassen keine Differenzen erkennen. Gegen Ende des Jahres ist die Rede von der Begründung eines neuen Rezensionsorgans. Währenddessen hatte Fichte unter anderem von seiner Frau erfahren, «daß eine Liebschaft zwischen der Schlegelin und Schelling obwalte»[142]. Gemeint war Caroline, die Frau August Wilhelm Schlegels, die sich im Jahre 1803 von ihrem Mann scheiden ließ und Schelling heiratete. Als Fichte nach Jena zurückkehrte, kam es kaum zu Gesprächen. *Ich freute mich bei meiner Reise nach Jena besonders auf Ihren Umgang.* So schreibt Fichte im Oktober 1800. *In Ihrer Wohnung konnte ich denselben nicht genießen; denn Sie waren daselbst fast nie anzutreffen, und ich hatte zu oft Sie da vergeblich gesucht.* Die Stimmung ist

August Wilhelm von Schlegel. Stich

schon etwas gereizt, und so fügt Fichte hinzu: *Wo Sie gewöhnlich waren, konnte und wollte ich aus guten Gründen Sie nicht suchen.*[143] Zwei- oder dreimal, so erfährt man aus diesem Brief, war Schelling bei Fichte. Gründliche philosophische Gespräche dürften demnach nicht stattgefunden haben. Aus dem Briefwechsel des Jahres 1800 ist auch eher zu vermuten, daß über den Plan einer Rezensionszeitschrift vornehmlich gesprochen worden ist.

Über diesen Plan gab es schon Differenzen genug, so über die Gestaltung: Sollten Übersichten oder Einzelrezensionen gebracht werden? Wer sollte Redakteur werden? Welcher Verleger kam in Betracht? Aus dem Briefwechsel zwischen den Schlegels, Schleiermacher, Fichte, Schelling, Goethe und Schiller läßt sich die Entwicklung des Plans leidlich genau verfolgen. Es war nicht zufällig, daß man sich nicht zu der geplanten Zeitschrift vereinigen konnte, man war sich in grundsätzlichen Fragen nicht einig, und diese brachen am schärfsten zwischen Fichte und Schelling aus.

Vom Herbst 1800 an werden philosophische Fragen erörtert. Walter Schulz macht darauf aufmerksam, daß zunächst die jeweils eigene Philosophie erörtert wird mit dem Ziel, dem Freund zu zeigen, daß er mit ihr übereinstimmen könne. Im folgenden Jahr ist dann klar, daß dieses Ziel

*Caroline von Schelling, geb. Michaelis, verh. von Schlegel.
Gemälde von J. F. A. Tischbein, 1798*

nicht zu erreichen ist. Als Fichte dem Jenaer Philosophieprofessor Johann Baptist Schad schrieb, Schelling verstehe die Wissenschaftslehre nicht besser als Friedrich Nicolai, und Schad den Brief im geringsten nicht geheimhielt[144], kündigte Schelling Fichte die Freundschaft auf. Walter Schulz sieht den Briefwechsel von Tragik bestimmt. Eine sachliche Auseinandersetzung wäre ihm zufolge von Schellings Spätphilosophie aus möglich gewesen, nicht von seinem damaligen Standpunkt aus. Zudem verkenne Schelling, daß sich Fichtes Philosophie in einer Wandlung befinde, was freilich auch Fichte fleißig verschleiert habe. «Die faktisch vollzogene Auseinandersetzung ... ist eigentümlich verfehlt.»[145] Wieder hatten sich persönliche und sachliche Gründe so verwirrt, daß eine Einigung unmöglich wurde. Bedauerlicherweise ist Fichte für Schelling derjenige geblieben, der er beim Abbruch der Beziehungen war. Schelling hat sich nicht mehr mit den späteren Gestalten der Wissenschaftslehre auseinandergesetzt, obwohl sie lange, bevor er starb, ediert waren. Ebensowenig hat Hegel die spätere Gestalt der Wissenschaftslehre kennengelernt. Eine Auseinandersetzung dieser beiden Denker mit der ihren Prinzipien nach für Fichte vollendeten Gestalt der Wissenschaftslehre hat es nie gegeben. Es ist vergeblich, darüber zu spekulieren, wie eine solche Auseinandersetzung abgelaufen wäre, man kann nur bedauern, daß sie nicht stattgefunden hat.

Im Januar 1802 waren die letzten Briefe zwischen Fichte und Schelling gewechselt worden. Im 40. Lebensjahr stehend, hatte Fichte keinen philosophisch kompetenten Freund mehr. In gewisser Weise war Fichte einsam geworden; Immanuel Hermann, der von der Berliner Zeit an aus eigener Erfahrung berichten kann, nennt als vornehmliche Freunde Fichtes den Gymnasialprofessor Johann Christian August Ferdinand Bernhardi und den Arzt Christoph Wilhelm Hufeland, der zu Fichtes Zeit in Jena Professor der Medizin gewesen war. Mit August Wilhelm Schlegel, Karl August Varnhagen und Adelbert von Chamisso gab es freundschaftlichen Verkehr, von Friedrich Schleiermacher zog sich Fichte bald zurück. Übereinstimmend wird berichtet, daß Fichte eingezogen gelebt hat.

Im Jahre 1799 hatte Fichte Verbindung mit Berliner Freimaurern, besonders mit Ignaz Feßler gesucht und war in die Loge Pythagoras zum flammenden Stern aufgenommen worden. Dort hielt er auch im Jahre

Schelling.
Daguerreotypie um 1850

1800 maurerische Reden, trat aber noch in der Mitte des Jahres nach einer heftigen Auseinandersetzung aus.

Der Betrachter hat den Eindruck, Fichte habe sich um den Eintritt ins fünfte Jahrzehnt seines Lebens von allem freigemacht, was ihn an der Aufgabe, die er als die seines Lebens begriff, hinderte. Die philosophische Auseinandersetzung mied er weitgehend. Friedrich Nicolai, von dem er sich zuletzt persönlich angegriffen sah, fertigte er 1801 in *Friedrich Nicolai's Leben und sonderbare Meinungen* ab. Das Buch erhielt in Berlin keine Genehmigung der Zensur, daher gab es A. W. Schlegel, der als Jenaischer Professor zensurfrei war, heraus. Im Jahre 1800 war noch *Der geschlossene Handelsstaat* erschienen und ein Jahr später ein *Sonnenklarer Bericht an das größere Publikum über das eigentliche Wesen der neuesten Philosophie. Ein Versuch, die Leser zum Verstehen zu zwingen.* In der Vorrede erklärt Fichte ausdrücklich, daß der Leser hier *einen Begriff von der Philosophie erhalten*[146] solle. Die Schrift gleicht insofern dem *Begriff der Wissenschaftslehre;* ihr Ziel ist, zur Grenzschei-

Adelbert von Chamisso. Radierung von S. Lowe

*Hegel.
Lithographie um 1820*

dung von Philosophie und gemeinem Menschenverstand zu führen. Der Untertitel dieser Schrift ist oft als Zeugnis für Fichtes diktatorisches Denken angeführt worden. Dabei ist übersehen, daß die Bezeichnung neueste Philosophie für die Wissenschaftslehre ironisch zu lesen ist; ausdrücklich heißt es, daß *diese Benennung beinahe wie Spott aussieht*[147], und das «beinahe» wird man eben mit einem spöttischen Tonfall zu hören haben. So ist auch der Untertitel zu lesen; seit seiner ersten Veröffentlichung wußte Fichte, daß Verstehen Freiheitsvollzug ist. Daß er dies wußte, weiß auch jedermann, der sich nur ein wenig mit seiner Philosophie beschäftigt. Es ist aber auch charakteristisch für Fichte, und die, die über ihn reden, daß man seine Worte überall bierernst nimmt.

Außer der Antwort an Reinhold erschienen noch die maurerischen Reden als *Briefe an Konstant*. Ansonsten zog sich Fichte vom Büchermarkt zurück. Im Jahre 1800 hatte Fichte einem reichen Privatmann Unterricht in der Philosophie gegeben. Im Februar und März 1802 las Fichte vor zwanzig Hörern in seinem Haus die Wissenschaftslehre. Er erhob als Eintritt ein Entgelt, dessen er auch benötigte. Im Frühjahr und Sommer 1803 las er wieder ein Privatissimum. Im Januar 1804 kündigte er sodann öffentlich Vorlesungen über die Wissenschaftslehre an. Zugleich richtete er ein Pro memoria an das Königliche Kabinett in Berlin. Darin heißt es eingangs: *Es ist seit kurzem auch in seiner äußern Form vollendet, ein System vorhanden, welches von sich rühmt, daß es, in sich selber rein abgeschlossen, unveränder- und unmittelbar evident*[148] ist.

Gleich am Anfang dieses Textes fallen die Worte *seit kurzem* auf. Die Wissenschaftslehre hat sich also für Fichte gewandelt; diese Wandlung ist

Reinschrift der «Darstellung der Wissenschaftslehre», 1801/02

*Karl August
Varnhagen von Ense.
Kupferstich*

weniger eine des Gehalts als der Begründung. Dies meint auch der Ausdruck *in seiner äußern Form vollendet,* welcher nicht die Darstellung der Wissenschaftslehre, sondern die Vollständigkeit ihrer Prinzipien meint. Sie ist, wie Fichte sagt, *in sich selber rein abgeschlossen,* ihr fehlt kein Glied mehr, ihre Prinzipien sind vollständig, der Gang der Begründung vollendet. Das Resultat von Fichtes stiller Arbeit ist die Vollendung der Wissenschaftslehre in systematischer Hinsicht.

Fichte gab seine neue Fassung der Wissenschaftslehre nicht in den Druck. In seiner Ankündigung der Vorträge im Januar 1804 geht er davon aus, daß seine *Philosophie sich nicht historisch* – gemeint ist durch Anlernen eines Vorgesagten – *erlernen läßt, sondern ihr Verständnis die Kunst zu philosophieren voraussetzt, welche am sichersten durch mündlichen Vortrag und Unterredung erlernt und geübt wird*[149]. In der Tat hat Fichte die Reihe seiner Vorträge immer wieder durch Fragestunden unterbrochen, in denen die Hörer nachfragen konnten und Fichte sich vergewisserte, wie weit sein Vortrag begriffen war. Daß der Hörer den vorgelegten

Gedanken wirklich, das heißt selber dachte, daran lag Fichte besonders: *Alles, was von nun an in dieser Versammlung gedacht werden soll, sei gedacht, und sei wahr,* erklärte er zu Beginn seiner zweiten Vortragsreihe im Jahre 1804, *nur inwiefern Sie selber es gedacht und als wahr eingesehen haben.*[150] Der Wille, die Wissenschaftslehre voll und ganz zu vermitteln, war es, der Fichte von der schriftlichen Darlegung absehen ließ.

Oben war von einer zweiten Vortragsreihe die Rede; in der Tat, Fichte hat die Wissenschaftslehre im Jahre 1804 dreimal, und zwar jedesmal neu, vorgetragen, nämlich vom 17. Januar bis zum 29. März, vom 16. April bis zum 8. Juni und zuletzt vom 5. November bis Ende Dezember. Die zweite Vorlesungsreihe hat Fichtes Sohn schon veröffentlicht, die erste Hans Gliwitzky im Jahre 1969, die letzte ist derzeit noch unveröffentlicht.

Wenn die Wissenschaftslehre von 1804 an noch unter das Fundament der 1794 konzipierten hinuntergräbt, so versteht es sich, daß noch weniger von dieser als von jener ein Referat geliefert werden kann. Darüber hinaus würde Fichtes Forderung des Selbstdenkens durch ein Referat grob mißachtet. Was versucht werden kann, ist, die Frage, auf die Fichtes späte Wissenschaftslehren antworten, deutlich zu machen.

Von zwei Seiten aus wird Fichte auf die Problematik seiner späten Wissenschaftslehren geführt. Zum einen hatte er, darin einig mit Jacobi, das Wissen als pure Bildlichkeit durchschaut. Das Wissen der frühen Wissenschaftslehre hatte seine Begründung gefunden im Akt des Sichwissens des Wissens. Wenn dieses Sichwissen ein Wissen ist, so ist es damit unterschieden von anderem Wissen und hat wie jedes Wissen seine Grenze und Bestimmtheit. Was aber Grenze und Bestimmtheit hat, ist bedingt und nicht das gesuchte Unbedingte, das die Begründung leisten soll.

Andererseits hatte Fichte, schon durch Kant, ein Unbedingtes kennengelernt, sittliche Verpflichtung. Diese hatte er in seinem angeklagten Aufsatz so gedacht, daß der gebietenden Vernunft letztlich alles Bedingte untergeordnet war. Was aber ist jenes Unbedingte an sich selber?

Einerseits war also klar geworden, daß das Selbstwissen des Wissens nicht das Unbedingte war, andererseits war das Unbedingte nicht in seiner Reinheit gefaßt. Wenn aber das Wissen sich selbst weiß, so ist dieses Wissen, wenn es überhaupt diesen Namen verdient, wahr. Wahrheit aber wird unbedingt gedacht. Ist sie aber unbedingt, so ist sie auch vom Wissen unbedingt. Ein Unbedingtes erscheint also ebenso im Wissen wie im sittlichen Handeln. Von beiden Seiten aus stellt sich also die Frage nach dem Unbedingten.

Verfolgen wir die Frage noch ein kleines Stück weiter. Das Unbedingte kann durch nichts, auch nicht durch das Wissen, bedingt werden, sonst wäre es nicht das Unbedingte. Aber alles, was gewußt wird, steht unter den Bedingungen des Wissens und ist damit bedingt. Somit auch das Unbedingte; denn wir wissen ja in unserer Überlegung, die wir hier anstellen, von ihm.

Jetzt beginnt sich unsere Überlegung im Kreis zu drehen, und der gesunde Menschenverstand fühlt sich genarrt. Wer aber nicht über die

Dinge und Vorgänge des Alltags, sondern über deren Begründung reden will, muß sich vom gesunden Menschenverstand lösen und ein seiner Frage entsprechendes Denken entwickeln.

Es zeigte sich: Der Gedanke des Unbedingten beschließt einerseits in sich, daß das Unbedingte auch vom Wissen unbedingt ist, andererseits ist er Gedanke und damit bedingt. Ein solches Verhältnis nennen wir seit Hegel dialektisch. Man kann es nicht wie ein Buch in seine Seiten auflösen, vielmehr muß man beide Bestimmungen des Verhältnisses festhalten. Für Fichte heißt dies: Ein Wissen ohne das Unbedingte ist nicht denkbar. Das Unbedingte ist umgekehrt nicht durch das Wissen bedingt.

Das Verhältnis des Wissens des Unbedingten zum Unbedingten erörtern die späten Wissenschaftslehren. Das Wort Verhältnis enthält dabei selbst das Problem. In einem Verhältnis sind ja zwei Momente ins Verhältnis gesetzt, damit ja gerade unter der Bedingung des Verhältnisses begriffen. So folgerichtig dies gedacht ist, so sehr kann man diesen Gedanken weiterdenken. Wer dies unternehmen will, den muß man nun an die Wissenschaftslehre selbst verweisen. Die hier dargelegte Überlegung hat aber wohl deutlich gemacht, daß man deren Gedanken nicht zusammenfassen oder, wie Fichte sagt, historisch aufnehmen kann – man muß sie alle und einzeln jeweils durchdenken.

In Diensten Preußens

Die zwischen 1800 und dem Beginn des Jahres 1805 gehaltenen Vorlesungen, vornehmlich über die Wissenschaftslehre, wurden von Gelehrten und Künstlern sowie von der «Führungsspitze des preußischen Staats»[151], dazu auch von einer Reihe ausländischer Gesandter besucht. Sieben Minister und sechs zukünftige Minister befanden sich unter Fichtes Hörern, auch ein Prinz reihte sich unter sie ein.

Wenn die Hörer Fichtes auch nicht mehr aus den Vorlesungen mitgenommen hätten, als das Bewußtsein, daß die Wissenschaftslehre nur bei genauer Durchdringung zu begreifen und zu beurteilen ist, so wäre für Fichte viel gewonnen gewesen. Offensichtlich aber gefiel sein Talent, und es scheint niemand an der Lehre Anstoß genommen zu haben. Es konnte nicht ausbleiben, daß man über Fichtes Verwendung im preußischen Staat anfing nachzudenken. Im September 1804 hatte Fichte einen Ruf an die Universität Charkow erhalten, zuvor schon war angefragt worden, ob er nach Landshut kommen wolle.

Fichtes Freunde handelten. In Erlangen, seinerzeit noch preußisch, war eine Professur für spekulative Philosophie unbesetzt. Im März 1805 leitete Minister Karl August von Hardenberg die Berufung ein. Er bedurfte dazu einiger Geschicklichkeit; denn sein Kollege Julius Eduard Wilhelm Ernst von Massow war zu umgehen, da er Fichtes Berufung nach Erlangen nicht zustimmen wollte. Hardenberg besaß das nötige Geschick, und im April teilte Friedrich Wilhelm III. dem Senat der Universität Erlangen mit, er habe Fichte den Antrag gemacht, einstweilen für das nächste Sommersemester in Erlangen das Fach der spekulativen Philosophie zu übernehmen. Diesen Antrag nahm Fichte an.

Zuvor war ein anderer Plan, Fichte eine Lebensstellung in Preußen zu verschaffen, gescheitert. Fichtes Freund, der Arzt Hufeland, war Mitglied der Berliner Akademie der Wissenschaften und brachte im Januar dem Direktor Albrecht August Heinrich von Borgstede Fichtes Aufnahme in die Akademie in Erinnerung. Borgstede war Fichte wohlgesonnen, stimmte aber einem inzwischen schon gestellten Antrag auf Aufnahme eines weiteren ordentlichen Mitglieds zu. Dieser Zustimmung fügte er jedoch den Vorschlag hinzu, Fichte in die Akademie aufzunehmen, wobei er den Vorschlag insbesondere mit der Mittellosigkeit Fichtes begründete; seinerzeit erhielten nämlich Mitglieder der Akademien ein Gehalt. Fichte wäre dann außerordentliches Mitglied geworden. Das Di-

Christoph Wilhelm Hufeland. Stich von C. Müller nach einer Zeichnung von F. Jagemann um 1812

rektorium brachte die Angelegenheit vor die entsprechende Klasse der Akademie, in welcher unter anderen Nicolai saß. Er sprach sich mit weiteren Akademikern gegen Fichte aus; sein Votum hat sich erhalten.[152] Nicolai und seine Freunde obsiegten in der Klasse, und als dann Fichtes Freunde eine Abstimmung des Plenums verlangten, wurde am 28. März 1805 mit 15 gegen 13 Stimmen Fichtes Zuwahl abgelehnt.

Man kann Nicolai als den Wortführer jenes Lagers von Fichte-Gegnern ansehen, die der älteren Aufklärergeneration angehörten. Als Repräsentant dieser Gruppe interessiert seine Argumentation auch hier noch einmal. Die Akademie, so führt Nicolai aus, habe selbst kein System, sondern sei ein Ort freier Forschung und suche «jede neue Untersuchung durch die deutlichsten Beweise ins hellste Licht zu setzen»[153], damit sie in der Untersuchung der Wahrheit immer weiter fortschreite. Diesem Zweck der Akademie sieht Nicolai Fichtes Philosophie gerade entgegengesetzt, weil er «von dem Grunde seiner Philosophie keinen Beweis geben» wolle und sie dennoch für die einzige ausgebe. Es ist das Problem

Erlangen. Nach einem Stich

der intellektuellen Anschauung, das Nicolai hier anspricht und worauf er auch noch mit Zitaten hinweist. Für Fichte hatte sich die Notwendigkeit, eine intellektuelle Anschauung zu denken, gestellt, weil er das Wissen begreifen wollte. Fichte war mit Nicolai durchaus einig in der Forderung nach freier Forschung; Nicolai erhob diese Forderung unreflektiert, Fichte dagegen wollte wissen, was es denn mit dem Forschen und Wissen auf sich hatte. Nun ist es auch für Fichte klar, daß Forschungsergebnisse bewiesen werden müssen, wenn sie allgemein überzeugen sollen. Im Beweis aber, das war Fichtes Argument, wird ein Grund für eine Behauptung aufgestellt. Wie ist es denn um diesen Grund bestellt, war nun Fichtes Frage, ist er selbst einer Begründung bedürftig oder leuchtet er aus sich selbst ein? Im ersten Fall ist nur etwas bewiesen, wenn die Untersuchung weitergeht, bis sie zu einer unmittelbaren Einsicht kommt. Nicolai wirft Fichte vor, er rede wie ein Schwärmer vom inneren Licht, dem man ohne Beweis glauben solle. Er verlangt jeweils einen Beweis, ohne sich überhaupt die Frage gestellt zu haben, was es denn heiße, zu beweisen und durch Beweise zu wissen. Nicolai will zwar aufklären, nichts gelten lassen, was nicht zu wissen und damit zu beweisen ist, dem Aberglauben keinen Schlupfwinkel mehr lassen – soweit, so gut. Indem es aber Nicolai mangelt, sich über das Aufklären selbst aufzuklären, zu klären, was denn überhaupt Wissen sei, bleibt seine Aufklärung über sich selbst unaufgeklärt. Es hat, man möchte fast sagen tragikomische Züge, die über sich selbst unaufgeklärte Aufklärung gegen die sich selbst reflektierende Aufklärung eifern zu sehen.

Bei der Akademie war Fichte also durchgefallen; er ging nach Erlangen. Im vorangegangenen Winter hatte er in Berlin noch eifrig gelesen: den letzten Zyklus der Wissenschaftslehre des Jahres 1804, die *Grundzüge des gegenwärtigen Zeitalters,* welche Fichte 1806 erscheinen ließ, und eine Vorlesung über Gottes-, Sitten- und Rechtslehre.[154] Im April machten sich Fichtes auf die Reise; am 26. April finden wir die Familie in Rammenau. Zum erstenmal, nach dreizehn Ehejahren, lernte Johanna ihre Schwiegereltern persönlich kennen. Fichte hatte auch jetzt noch Bedenken, ob sich seine Mutter gut zu seiner Frau stelle; seinem Bruder hatte er vor dem Besuch geschrieben: *Wenn es die Verträglichkeit meiner Mutter gegen meine höchst sanfte und gefällige Frau erlaubt, können wir bis zum 27. bleiben.*[155] Bis zu diesem Tag blieb Fichte; anscheinend ergaben sich keine Schwierigkeiten. Die Reise führte über Bayreuth; dort besuchte

Friedrich Nicolai. Gemälde von Anton Graff

*Karl August von Hardenberg.
Gemälde von J. H. W. Tischbein*

Fichte Jean Paul, dem er den lebhaften Wunsch äußerte, Jacobi einmal zu sprechen.[156]

In Erlangen wurde Fichte gut aufgenommen. Gottlieb Ernst August Mehmel, Professor der Philosophie, war Fichte brieflich bekannt; Fichte hatte in der Erlanger Literaturzeitung, deren Redaktor Mehmel war, schon rezensiert. Das Verhältnis beider war gut. Bei einem Professor Georg Friedrich Hildebrandt hörte Fichte Experimentalphysik. Fichte hatte etwa 80 Hörer, darunter zwei Professoren. Er las Wissenschaftslehre, eine Propädeutik und eine Logik. Hinzu kommt die später veröffentlichte Vorlesung *Über das Wesen des Gelehrten,* die der früheren von der *Bestimmung des Gelehrten* entspricht.

Erlangen war Provinz; einem Zeitungsbericht zufolge hatte Fichte es mit Studenten zu tun, «die kaum am Vorhof des eigenen freien Verstandesgebrauches angelangt sind»[157]. Daß die Hörerzahlen sanken, war kein Wunder. Angeblich soll Fichte seine faulen Hörer gescholten haben, worauf nur noch mehr weg blieben.[158] Fichte gab sich nicht mit den Erlanger Verhältnissen zufrieden. Seine Vorstellungen faßte er zusammen in den *Ideen für die innere Organisation der Universität Erlangen,* die er dem Minister Hardenberg vorlegen ließ; dieser übergab sie dem Geheimen Oberfinanzrat in Berlin Karl Sigmund Franz vom Stein zum Altenstein, aus dessen Feder eine eingehende Beurteilung überliefert ist. Die Universität soll für Fichte *eine Schule der Kunst des wissenschaftlichen Verstandesgebrauches* sein.[159] Daher übt Fichte Kritik an der Vorlesungspraxis, bei der der Hörer sich schlicht passiv verhält. Altenstein stimmt dieser Kritik und der Forderung, daß «das Dargegebene und Aufgefaßte in lebendige selbsttätige Erkenntnis» übergehe[160], vorbehaltlos zu. Für einen Staatsmann ist diese Einstellung bemerkenswert. Nicht einmal zehn Jahre zuvor war Kant in seinem Streit der Fakultäten völlig selbstverständlich davon ausgegangen, daß die höheren Fakultäten Berufsausbildung betrieben, nämlich Pfarrer, Ärzte und Juristen auszubilden hätten, und Kant hatte einzig für die niedere philosophische Fakultät die freie wissenschaftliche Reflexion, unabhängig von jeglichem gesellschaftlichen Nutzen, gefordert. Fichte dehnt die Forderung nach freier

Karl Freiherr vom Stein zum Altenstein. Lithographie

wissenschaftlicher Reflexion auf alle Fächer des Universitätsunterrichts aus. Altenstein unterscheidet den Studenten, den Fichte am Ende des Studiums wünscht, von dem bisher gebildeten; den ersten nennt er einen denkenden Kopf, den zweiten einen Mann mit vielen Kenntnissen. Man darf es wohl mit auf Fichtes Rechnung setzen, wenn sich alsbald in der preußischen Regierung der Wille durchsetzte, eine Universität zu gründen, die nicht mehr auf die Berufsausbildung, sondern auf die Mehrung und Vermittlung wissenschaftlicher Einsicht ausgerichtet war.

Altensteins Beurteilung datiert aus dem Sommer 1806, Fichtes *Ideen* waren im vorangegangenen Winter in Berlin niedergelegt worden. Dorthin war die Familie im September zurückgereist. Die Reise führte über Weimar, wo man Schillers Witwe – der Dichter war im Frühjahr verstorben – besuchen wollte. Am 23. September hat sich Fichte in das Stammbuch August von Goethes eingetragen. Vermutlich war es aufmunternd gemeint, wenn es heißt: *Die Nation hat große Anforderungen an Sie, einziger Sohn des Einzigen in unsrem Zeitalter. Zählen Sie mich sodann unter diejenigen, die am aufmerksamsten beobachten werden, ob Sie würdig sich bilden, des Vaters Platz einst auszufüllen, da ich unter diejenigen zu gehören glaube, die Seinen Wert am tiefsten begreifen und neidlos ihn lieben. Möge sodann dies Blatt Sie mahnen, oder auch trösten.*[161] Man kann sich

Berlin. Aquatintablatt von R. Bowyer, 1815

*August von Goethe.
Kreidezeichnung von Conrad Westermayr*

aber leicht vorstellen, daß solche «Aufmunterung» ihr Gegenteil erreichte. Einfühlungsvermögen in die Psyche des Jünglings, wie man damals sagte, bewies Fichte hier nicht.

Im Winter 1805/06 blieb Fichte in Berlin. Er hielt wieder eine Vorlesung, die alsdann unter dem Titel *Die Anweisung zum seligen Leben* veröffentlicht wurde. Im Frühjahr erfolgte die Ernennung zum ordentlichen Professor in Erlangen. Für das Sommersemester erbat sich Fichte jedoch Urlaub, den er auch erhielt.

Den Urlaub wollte Fichte benutzen *zu einer schriftstellerischen Zurechtweisung Schellings, mit seinem Vorgeben, daß er mein System übertroffen habe, welches für meinen Auftritt in Erlangen von Folgen sein muß*[162]. Schelling aber kam Fichte zuvor. Er veröffentlichte in der «Jenaischen Allgemeinen Literatur-Zeitung» Ende Juni 1806 eine Rezension der Erlanger Vorlesungen *Über das Wesen des Gelehrten*. Sie endete böse, indem sie Fichte «einen unvertilgbar gemeinen Grundton seiner Natur»[163] zuschrieb. Diese Rezension fügte Schelling seiner noch im selben Jahr erscheinenden «Darlegung des wahren Verhältnisses der Naturphilosophie zu der verbesserten Fichteschen Lehre» bei. Im August wußte

Jacobi, daß Schellings «Darlegung» bald erscheinen werde. «Diese beiden Philosophen werden wahrscheinlich einander kein Haar im Barte lassen»[164], glaubte er vorauszusehen. Hier aber sollte sich Jacobi irren; Fichte antwortete nicht auf Schellings Angriffe. Es läßt sich vermuten, daß Fichte im Sommer das Erscheinen der «Darlegung» abwarten wollte. Diese dürfte im September oder Oktober erschienen sein. Zu diesem Zeitpunkt aber wurde Fichtes Spekulation jäh unterbrochen.

Am 14. Oktober 1806 verlor Preußen die Schlacht bei Jena und Auerstedt, am 27. Oktober zog Napoleon in Berlin ein. Im Vormonat schon hatte der König Fichte erlaubt, wegen der Kriegswirren ein weiteres Semester Erlangen fern zu bleiben; die Reise wäre zu unsicher gewesen. Fichte hatte den Krieg befürwortet und gab die nach Johannas Worten vergleichsweise hohe Summe von 30 Talern bei einer Sammlung für Soldatenmäntel.[165] Zwei Tage nach der entscheidenden Schlacht, so berichtet Hufeland, «hatten wir nichts als Siegesnachrichten davon in Berlin

Einzug Napoleons in Berlin

*Napoleon krönt sich selbst.
Zeichnung von
Jacques-Louis David, 1804*

und feierten mit Fichte abends ein frohes Siegesmahl». Am 18. Oktober wußte Fichte von der preußischen Niederlage und war zur Flucht entschlossen. Sie führte ihn nach Königsberg. Fichte begleitete seinen Freund Hufeland, der als Leibarzt dem König folgte.

Ende November schreibt Fichte seiner Frau aus Königsberg. Dieses war nicht mehr die Stadt Immanuel Kants; vier Jahre zuvor schon war Königsbergs größter Sohn, dem Fichte so viel verdankte, verstorben. Ob der nunmehr Vierundvierzigjährige an seinen früheren Aufenthalt zurückdachte, wissen wir nicht. In den Briefen drängen sich die Tagesereignisse in den Vordergrund.

Fichte wurde in Königsberg alsbald zum ordentlichen Professor ernannt und ihm zugleich die Zensur der Zeitungen aufgetragen, damit die Nachrichten nicht in einem «den Patriotismus niederschlagenden Ton erzählt» würden.[166] Am 5. Januar begann Fichte über die Wissenschaftslehre zu lesen. Die erste Vorlesung begann eigenartig. Fichte hatte vor sich einen Tisch mit zwei Lichtern stehen. Er löschte zunächst das eine und zündete es dann wieder an, alsdann verfuhr er mit dem nächsten ebenso und schaute sich lange schweigend um. Sodann forderte er die

Hörer auf, überzeugt zu sein, sie wüßten nichts; von der Schöpfung an bis jetzt liege die Welt im Dunkeln. Als sich darauf Scharren und anderes Geräusch vernehmen ließ, wartete Fichte dies ab und erklärte, der Unterschied von Mensch und Tier liege darin, daß der Mensch sich in Worten, Tiere aber nur unartikuliert ausdrücken könnten, begann von vorne und wurde nicht mehr gestört. Nachts sollten ihm die Fenster eingeworfen werden, man traf aber die falschen. Fortan las Fichte ungestört. Jedoch setzte Fichte seine Vorlesungstätigkeit im Sommer nicht fort; denn in Königsberg wurde es als Zumutung angesehen, Kolleggelder zu zahlen, und Fichte wollte nicht umsonst lesen.[167]

Als französische Truppen Königsberg einzunehmen drohten, verließ Fichte im Juni 1807 auch diese Stadt und begab sich nach Kopenhagen. Hier wurde er vor allem durch einen Hörer aus Berliner Tagen, Hans Christian Ørsted, freundlich empfangen. Nachdem Fichte den Anstrengungen der Reise den Tribut einer Erkältung gezahlt hatte, sah er sich in Kopenhagen um, war aber darauf bedacht, bald zu den Seinen zurückzukehren. Am 9. Juli, an dem Tag, an dem Fichte nach Kopenhagen gekommen war, hatte Preußen mit Frankreich den Frieden von Tilsit geschlossen. Mitte August reiste Fichte über Lübeck nach Berlin zurück.

Johanna und Immanuel Hermann hatten dort naturgemäß keine guten Zeiten erlebt, aber in dem Historiker und Politiker Johannes von Müller einen hilfreichen Freund gefunden.

*Kopenhagen,
Schloß Amalienburg*

Mit diesem scheint der erste wissenschaftliche Austausch stattgefunden zu haben. In einem Brief vom 11. September geht Müller jedenfalls auf einen Universitätsplan Fichtes ein. Ein solcher sollte Fichte jetzt noch ausführlich beschäftigen. Am 18. September erhielt er einen Brief des Geheimen Kabinettsrats Karl Friedrich Beyme aus Memel vom Anfang des Monats, in dem dieser ihm vertraulich mitteilt, der König habe der Errichtung einer Universität in Berlin zugestimmt. Beyme bat Fichte nun um einen Plan für die neu zu errichtende Universität.[168] Jetzt hatte es Fichte eilig; er sandte seinen Entwurf – nach Fichtes Tod unter dem Titel *Deduzierter Plan einer zu Berlin zu errichtenden höheren Lehranstalt* veröffentlicht – im Manuskript und in Teilen an Beyme. Am 19. Oktober war der Plan fertig. Johannes von Müller fand ihn trefflich, meinte aber, er sei weniger ein Plan für eine Universität als für ein Nationalerziehungsinstitut, wie beispielsweise die Kollegien in Oxford.[169] Der Grundgedanke Fichtes ist jetzt wie schon in seinen *Ideen* bezüglich der Universität Erlangen derselbe. Man wird hier, wie auch in anderen Äußerungen Fichtes, das Prinzip von den Anwendungsbestimmungen zu unterscheiden haben. Wenn Fichte die Universität bestimmt als Kunstschule des wissenschaftlichen Verstandesgebrauches, in der die Studierenden insbesondere wissenschaftliches Beurteilungsvermögen erwerben sollen, so fragt sich, ob die von Fichte vorgeschlagenen Kollegien, in denen die Studierenden von jeglicher Sorge um ihren Unterhalt enthoben leben sollen, das rechte Mit-

Fichtes Wohnhaus, Ecke Kleine Präsidentenstraße und Neue Promenade. Foto um 1878

tel sind, Selbständigkeit und Urteilsvermögen zu fördern. Es wäre aber verfehlt, von der Wahl der Mittel her den Zweck kritisieren zu wollen.

Für den Winter kündigte Fichte wieder Vorträge in Berlin an; es sollten seine berühmtesten werden: die *Reden an die deutsche Nation*. Am Sonntag, dem 13. Dezember 1807, begannen die Vorträge. Berlin war noch von den Franzosen besetzt, und das Schicksal des Buchhändlers Palm, der auf Befehl Napoleons hingerichtet worden war, weil er die Schrift «Deutschland in seiner Tiefen Erniedrigung» verlegt hatte, war nicht vergessen. Aber Fichte hatte Mut, oft mehr als die Zensur, die ihm die Druckerlaubnis für die ersten beiden Vorträge verweigerte; denn Fichte wollte alle Vorträge sofort einzeln drucken lassen und tat dies auch, sofern es die Zensurbehörde erlaubte. Fichtes Mut wurde belohnt; es geschah ihm nichts. Nach Beendigung der *Reden* erschienen sie als Buch.

Im Frühjahr 1808 wurde Fichte die Ehre und wohl auch Genugtuung zuteil, Mitglied der Bayerischen Akademie der Wissenschaften zu werden.[170] Das Schreiben des Akademiesekretärs Adolf Heinrich Friedrich von Schlichtegroll, das die Zuwahl mitteilt, dankt zugleich für die *Reden*. Diese fanden insgesamt eine gute Aufnahme; Goethe rühmte sie, «besonders ihren wunderschönen Stil»[171].

Hatten die *Reden* die Kräfte der Familie Fichte erschöpft? Die inzwischen dreiundfünfzigjährige Johanna hatte das Buch «viel Angst gekostet»; sie konnte «keine Nacht ruhig schlafen, solange die Fremden da waren, die hier viele Menschen beispiellos geängstigt haben»[172]. Jedenfalls fiel zuerst der nun elf- bis zwölfjährige Junge aufs Knie und war neun Monate nicht recht gesund. Während dieser Zeit erkrankte Johanna ernstlich, und seit Mitte Juli war Fichte so krank, daß er nicht arbeiten konnte. Rheumatische Schmerzen an Armen und Beinen traten auf, und vor allem erkrankten die Augen so sehr, daß Fichte sich bis zum Ende des Jahres 1808 des Augenlichtes beraubt sah. Zum Glück kehrte dieses wieder, aber leichte Lähmungserscheinungen blieben; zum Glück wiederum war es nicht der rechte, sondern der linke Arm, der betroffen war.

Infolge der Erkrankungen besuchte Familie Fichte in den Sommern von 1809 bis 1811 das Bad in Teplitz. Für die beiden ersten Jahre lassen sich Besuche in Rammenau feststellen.[173] Im Mai 1810 schrieb Fichte an Jacobi, er habe den vorangegangenen Sommer auf die Wiederherstellung seiner Gesundheit, den Winter *auf die Anstrengung, mich wieder in die ehemalige Geistestätigkeit hinein zu versetzen* gewandt.[174] Im Winter hatte er aber auch wieder gelesen; zumindest über Wissenschaftslehre. Eine Übersicht erschien unter dem Titel *Die Wissenschaftslehre in ihrem allge-*

Karl Friedrich Beyme

*Fichte als «patriotischer Mahner». Holzschnitt,
Mitte 19. Jahrhundert*

meinen Umrisse noch im Jahre 1810. In vierzehn Paragraphen faßt sie für die Hörer die Vorlesung zusammen.

In einem Brief an Jacobi versucht Fichte nochmals seine Philosophie zu erläutern – vergeblich. Er konnte den Mann, an dem ihm am meisten lag, nicht gewinnen. Eine alte Beziehung aus Schweizer Tagen stellte sich dafür wieder her, die zu Johann Heinrich Pestalozzi, dessen Erziehungslehre Fichte stark beeindruckt hatte. Er sandte ihm seine *Reden,* und Pestalozzi dankte gerührt in einem Brief an Fichtes Gattin.

Die Pläne zur Gründung der neuen Universität gingen indessen voran; aber schon im Juni 1809 findet sich ein Brief Fichtes an Altenstein, in dem der erste seine Sorge darüber ausdrückt, sein Plan werde beiseite geschoben. So war es in der Tat auch. Nichtsdestoweniger aber wurde Fichte an die neue Universität berufen. Im Mai hatte Wilhelm von Humboldt, der bezüglich der Universität seine eigenen Vorstellungen durchsetzte, beim König eine Gehaltserhöhung für Fichte von 800 auf 1200 Taler beantragt. Die Familie Fichte hatte in den vorangegangenen Jahren manche Not zu leiden; die Staatskasse war oft im Rückstand mit ihren Zahlungen gewesen. Freunde hatten Fichte geholfen. Die Gehaltserhöhung dürfte Fichte geholfen haben, seine Schulden bei Freunden zurückzuzahlen. Es wollte besser werden, und eine neue Aufgabe stellte sich.

Der philosophische Ertrag der Jahre 1805 bis 1810 ist geschmälert durch Fichtes häufige Ortswechsel und durch seine Krankheit. Das

Titelseite der Erstausgabe

Hauptproblem seines Philosophierens war, nachdem die Prinzipien der Wissenschaftslehre vollständig entwickelt waren, die adäquate äußere Darstellung derselben. Er meinte kurz vor der Lösung des Problems zu stehen, da sah er sich zur Flucht genötigt. Er hat dieses Problem bis zu seinem Tode nicht lösen können; insofern ist sein Werk unvollendet geblieben.

Fichte hat auch in den hier besprochenen Jahren die Wissenschaftslehre immer wieder vorgetragen, aber nur den kurzen *Umriß* im Jahre 1810 veröffentlicht. Vornehmlich hat er in unserem Zeitraum seine sogenannten populären Vorträge in die Presse gegeben. Man lasse sich nicht täuschen, populär heißt bei weitem nicht eingängig; gemeint ist eine Vortragsart, bei der Fichte die Ausgangspunkte seiner Überlegungen nicht mehr philosophisch reflektiert. Er geht von solchen Behauptungen aus, von denen er annimmt, daß der Hörer sie mitvollziehen könne, und verzichtet auf die eigentlich philosophische Rechtfertigung.

Die Anweisung zum seligen Leben bringt einen Gedanken zum Ausdruck, der für die Entwicklung der späteren Wissenschaftslehre wesentlich geworden ist. Im frühen Stadium seiner Wissenschaftslehre hat Fichte das Wissen durchdrungen und sein Prinzip im Wissen des Wissens, also im Selbstbewußtsein gefunden. Eine Welt ist nur durch und für ein Selbstbewußtsein da; nur indem ein Akt des Wissens vollzogen wird, erscheint in ihm eine Welt. Wenn dem auch unwidersprechlich so ist, so bleibt doch eine Frage offen, die man die Sinnfrage nennen könnte. Diese Frage ist nicht durch den hier ohnehin unmöglichen Verweis auf einen noch höher liegenden Grund des ganzen Zusammenhangs zu beantworten, vielmehr verlangt sie die Artikulation jenes Momentes im Selbstbewußtsein, das nicht nur eine passive Hinnahme dessen, was nun eben so ist, sondern eine positive Zustimmung erlaubt. Diese Zustimmung sagt nicht nur, es sei so, sondern es solle so sein, es sei gut, daß es so sei. Die Frage verlangt eine Antwort, die auf alle möglichen Fälle antwortet, die, anders ausgedrückt, unter allen möglichen Bedingungen gilt. Die Frage geht auf das Unbedingte. Ein Unbedingtes oder mit einem anderen Wort: Absolutes ist aber nur im Gedanken zu erfassen; alle wechselnden Erscheinungen der Welt sind, weil sie ja wechseln und damit endlich sind, bedingt. Das Ewige, wie Fichte jetzt mit einem Ausdruck der religiösen Sprache sagt, *kann lediglich und allein durch den Gedanken ergriffen werden*[175]. Dieser Gedanke gibt dem Selbstbewußtsein, dem Wissen und was in ihm zur Erscheinung kommt einen Sinn. Er ist eine Interpretation, die alles Veränderliche von jenem Ewigen her und auf es hin deutet. Dieses Ewige nennt Fichte mit dem altvertrauten Wort Gott, und so ist die *Anweisung* gemäß dem Untertitel *die Religionslehre*. Sie antwortet auf die Frage nach dem Sinn des Lebens; dieses ist die Frage, die die Wissenschaftslehre zu ihrer letzten Begründung vorangetrieben hat.

Enthält die *Anweisung* Fichtes Religionsphilosophie, so stellen *Die Grundzüge des gegenwärtigen Zeitalters* seine Geschichtsphilosophie dar. Die Fichtesche Geschichtsphilosophie artikuliert die Sinnfrage im Hinblick auf die Gattung Mensch; die Frage nach der Gattung läßt die nach

*Wilhelm von Humboldt.
Nach einer Zeichnung von Franz Krüger, 1827*

den Individuen beiseite. Seine Antwort faßt Fichte in einem Satz zusammen: ... *der Zweck des Erdenlebens der Menschheit ist der, daß sie in demselben alle ihre Verhältnisse mit Freiheit nach der Vernunft einrichte.*[176] Diese Formulierung scheint nichts mit der *Anweisung* zu tun zu haben. Hier aber ist auf eine Eigenart Fichtes aufmerksam zu machen, nämlich die, die Terminologie möglichst oft zu wechseln, damit der Hörer oder Leser sich nicht an dieser festhalte, sondern den jeweils geforderten Gedanken auch wirklich aus sich selbst hervorbringe. Mit Freiheit ist zunächst hier nicht etwas zur Vernunft Hinzukommendes gemeint, sondern eine wesentliche Bestimmung derselben. Vernunft ist für Fichte nichts anderes denn Selbsttätigkeit. Die Tätigkeit der Vernunft ist aber nicht beliebig, sie ist im Gegenteil orientiert, und zwar an dem, was in der *Anweisung* das Ewige hieß.

Die Geschichte läßt sich nun in folgende Epochen gliedern: Zuerst in eine Epoche, in der die Menschheit zwar da ist, aber ihre Verhältnisse noch nicht angefangen hat, mit Freiheit nach der Vernunft einzurichten. Da in dieser Epoche die Vernunft sich nicht mit Freiheit selbst hervorbringt, wirkt sie als dunkler Instinkt. So ergeben sich zwei unterscheidbare Zeiten, eine des Vernunftinstinkts, eine des freien Übergangs zur Vernunftherrschaft. Die zweite Zeit läßt sich noch weiter gliedern. Wenn

Friedrich Wilhelm III., König von Preußen.
Gemälde von Thomas Lawrence

sich die Menschheit mit Freiheit nach der Vernunft einrichten soll, so muß sie zum Bewußtsein der Vernunft kommen. Ein freies Bewußtsein der Vernunft setzt aber voraus, daß sich die entsprechenden Subjekte vom Instinkt losgerissen haben. So gliedert sich diese Zeit in eine der Befreiung vom Vernunftinstinkt und eine des Bewußtseins oder der Wissenschaft der Vernunft, wozu sich als dritte eine solche gesellt, in der die Kunst der Einrichtung der menschlichen Dinge nach der Vernunft erworben wird. Damit hat Fichte insgesamt fünf Epochen unterschieden. Die erste Epoche, in der die Vernunft als Instinkt waltet, ist eine solche, in der sie sich, eben weil sie nur als Instinkt auftritt, ohne weiteres durchsetzt; daher nennt Fichte sie: *Stand der Unschuld des Menschengeschlechts*[177]. Der Übergang in die zweite Epoche erklärt sich derart, daß diejenigen Individuen, die Fichte die stärkeren nennt, die übrigen durch den Zwang an die Vorschriften des Vernunftinstinkts binden wollen. Gegen den

Zwang, und zwar den durch andere Individuen, aber erhebt sich das Freiheitsbewußtsein. Diese Epoche ist charakterisiert durch zwingende Autorität, die teils blinden Glauben, teils unbedingten Gehorsam fordert. Dem Individuum stehen Satzungen des Verhaltens und dogmatische Lehrsysteme gegenüber. Diese Epoche heißt: *der Stand der anhebenden Sünde*. In der dritten Epoche setzt sich die Freiheit absolut, indem sie sich nicht nur von der äußeren Autorität, sondern auch vom Vernunftinstinkt freisetzt; die Freiheit bläht sich zu Ungebundenheit auf. Diese Epoche trägt den Namen *Stand der vollendeten Sündhaftigkeit*. In der nächsten Epoche wird die Wahrheit als höchstes geliebt, die Vernunft wird erkannt. Es ist *der Stand der anhebenden Rechtfertigung*. Die letzte Epoche ist schließlich die der Vernunftkunst, in der sich die Menschheit *zum getroffenen Abdrucke der Vernunft aufbaut: der Stand der vollendeten Rechtfertigung und Heiligung*. Fichte hat entsprechend seiner Religionsphilosophie die Epochen mit Begriffen der christlichen Religion beschrieben. Man kann die Entwicklung der Menschheit auch – durchaus entsprechend Fichtes Verhältnis zur Sprache – mit anderen Worten beschreiben, zum Beispiel 1. Unbewußte Vernunft, 2. Vernunft als positives Gesetz im Gegensatz zur Freiheit, 3. Freiheit als Ungebundenheit, 4. Freiheit begreift ihren Gehalt in der Vernunft, 5. Realisierung dieses Gehaltes.

Die Darstellung der Geschichte in fünf Epochen legt die Vorstellung linearer Entwicklung nahe. Dem ist nicht so; Fichte betont, daß das Ganze der Geschichte sich *zu sich scheinbar durchkreuzenden und zum Teil nebeneinander fortlaufenden Zeitaltern ausdehnen wird*. Die Epochen können sich ebensosehr horizontal wie vertikal in der Geschichte bestimmen lassen. Fichte leitet also nicht den faktischen Verlauf der Geschichte ab; das Nebeneinander verschiedener Epochen hatte er ja gerade nicht konstruiert. Auch ist für ihn die Bestimmung einer historischen Epoche als dieser oder jener seiner fünf konstruierten Epochen entsprechend keine apriorisch abzuleitende Bestimmung. Wenn die Gegenwart in Fichtes Schema eingeordnet werden soll, so endet *an dieser Stelle das Geschäft des Philosophen ... und das des Welt- und Menschenbeobachters* nimmt seinen Anfang.[178] Die Konstruktion der Geschichtsepochen könnte man mit einem Ausdruck der Kantischen Geschichtsphilosophie einen Leitfaden nennen, der es dem Menschen ermöglicht, seinen Ort in der Entwicklung der Gattung zu bestimmen.

Fichte hat den Ort seiner Zeit mit seiner dritten Epoche beschrieben. Nach dem Gesagten ist diese Behauptung Fichtes keine strikt philosophische, sondern, wenn man den Ausdruck gestattet, eine der philosophischen Betrachtung der Zeit. Fichte wollte damit sich und seinen Hörern eine Sicht der Zeit ermöglichen, die das Handeln auf das Nächste und Nötige leite. Dieses ist jeweils das, was den Übergang in die nächste Epoche herbeiführt oder bildet.

Als eine solche Reflexion lassen sich die *Reden an die deutsche Nation* verstehen. Sie setzen damit ein, daß Fichte, drei Jahre nach den Vorträgen über die *Grundzüge*, das Ende der dritten Epoche feststellt. Die dritte Epoche war die der ungebundenen Freiheit; eine solche hat keinen weiteren Gehalt als sich selbst. Daher erhält sie in den *Reden* den Namen der Selbstsucht. Indem aber für Deutschland die Selbständigkeit verlorengegangen ist, ist der Selbstsucht der einzige Gehalt entzogen. Die Freiheit muß sich nach einem neuen Gehalt umsehen, und dieser kann nun nicht mehr im Selbst gesucht werden, er muß vielmehr in etwas gesucht werden, was ein Selbst übersteigt. Was aber das hier nationale Selbst übersteigt, ist die Vernunft, und es muß nunmehr die Einsicht in die Vernunft ausgebildet werden. Nachdem das Selbst der Nation zerfallen ist, sind die Mittel der Bindung der Glieder an die Nation, nämlich Furcht und Hoffnung, wirkungslos geworden. Es gilt neue Mittel zu finden, und diese liegen in der *sittlichen Billigung oder Mißbilligung*[179]. Wer sich aber zur Sittlichkeit bildet, bildet zwar damit ein neues Selbst – und Fichte spricht auch von der Bildung zu einem neuen Selbst –, aber jenes neue Selbst hat kaum mehr den Namen mit dem ersten gemein. Es handelt sich nämlich bei dem neuen Selbst nicht um ein selbstsüchtiges, sondern, weil es sittlich gebildet ist, um ein allgemeines. Deshalb kann die neue Bildung auch nicht als nationales Eigentum betrachtet werden, das aus ihr hervorgehende Leben bleibt, auch wenn es an andere Nationen kommt, *ganz und unverringert bei unendlicher Teilung*[180].

Varnhagen, ein Ohrenzeuge der Fichteschen *Reden,* berichtet: «Sein strenger Geist ging auf vollständige Umschaffung unserer Zustände aus, wobei er nichts weiter verlangte, als daß überall das Wesentliche im Sittlichen wie im Geistigen gefördert und ausgebildet, das Scheinsame und Hohle dagegen aufgegeben und seinem eignen Absterben überlassen würde, dann, meinte er, werde sich ohne gewaltsame Umkehr, durch bloße Entwicklung, aus dem Vorhandenen und Bestehenden die ganze Kraft und Herrlichkeit, deren die Nation seufzend entbehre, unmerklich und unverhinderlich von selbst hervorbilden.»[181]

An dieser Stelle sieht man auch deutlich, wo Fichte seine eigene wissenschaftliche Tätigkeit einordnet. Die Wissenschaftslehre erscheint unter diesem Blickwinkel als die erste wissenschaftliche Durchdringung der Vernunft und damit als Zeichen des Übergangs in die vierte Epoche der Weltgeschichte. Fichte begriff seine wissenschaftliche Tätigkeit als epochemachend. In der Geschichte der Philosophie hat er keine Epoche gemacht, schon zu der Zeit der *Reden* galt er vielen als überwundener Vorgänger Schellings, später dann Hegels. Die Entscheidung aber, ob Fichtes Einschätzung der Wissenschaftslehre vertretbar ist oder nicht, fällt nicht durch die Historiographie, sondern in der argumentativen Auseinandersetzung mit seinem Anspruch, sein System sei *in sich selber rein abgeschlossen, unveränderlich und unmittelbar evident*[182].

Professor an der Universität in Berlin

Im Herbst 1810 begann der Lehrbetrieb an der neugegründeten Universität in Berlin. Am 2. Oktober waren Rektor und Dekanen, darunter für die philosophische Fakultät Fichte, ihre Ernennung bekannt gegeben worden; es erfolgte eine Ernennung, weil die Gremien, denen die Wahl obgelegen hätte, sich noch nicht konstituiert hatten.[183] Die nächsten Amtsinhaber wurden dann gewählt. Die Berliner Universität hat sich durch die Berufung exzellenter Wissenschaftler hohen Ruhm erworben, in der Philosophie allein haben alle drei sogenannten deutschen Idealisten, Fichte, Hegel und Schelling, in Berlin gelehrt. Diese Sachlage läßt kaum vermuten, daß die Anfänge der Universität noch mit manchem Mangel behaftet waren. Insbesondere waren die Statuten, die Verfassung der Universität, noch nicht erlassen, erst drei Jahre nach Fichtes Tod wurden sie der Universität übergeben.

Fichte begann im Oktober zu lesen. Gemäß seiner Philosophie bauten seine Vorlesungen aufeinander auf, und so las er in der ersten Woche seine Einleitung, dann je ein Vierteljahr die Tatsachen des Bewußtseins und die Wissenschaftslehre.[184] Eine dieser Vorlesungen über die *Tatsachen des Bewußtseins* hat Fichtes Sohn aus dem Nachlaß veröffentlicht; sie führen den Hörer, ausgehend von den Tatsachen des gewöhnlichen Bewußtseins, auf die Reflexionsstufe der Wissenschaftslehre. Die Hörerzahlen Fichtes waren ansehnlich, die Tatsachen hatten 98, die Wissenschaftslehre 57 Hörer, welche allerdings nicht alle Studenten waren. Dabei hatten sich in Berlin im ersten Semester 256 Studenten eingeschrieben, davon fast die Hälfte Mediziner; die philosophische Fakultät hatte 57 Studenten.[185] Fichte hatte den, so kann man sagen, altgewohnten Zulauf.

Fichte war nach wie vor ein außergewöhnlich guter Lehrer, der über die besten didaktischen Mittel verfügte: Klarheit, Einfachheit, Ordnung, Wiederholung in neuer Beleuchtung der Sache.[186] Auch an einer Universität, die nicht seinen Plänen entsprach, lehrte Fichte auf seine Weise. Er hielt Konversatorien, also Fragestunden, und stellte Aufgaben zur schriftlichen Bearbeitung. Fichtes Lehrmethode war ungewöhnlich, und die Studenten reagierten, wie eben Menschen auf Ungewohntes reagieren. Über Fichtes erstes Konversatorium hat sich ein Bericht eines Studenten erhalten: «... wenn unter den Zusammenkommenden die verschiedensten Subjekte sind und manche, die schon glauben recht etwas zu

Die Universität zu Berlin, Unter den Linden. Stahlstich von Hirchenhein, 1840

wissen, wenn jeder sich scheut, nach einer erhaltenen Antwort zu gestehen, daß sie ihm nicht genüge, weil so viele rund umher sind, die damit würden zufrieden sein – wie das alles bei Fichte ist – so ziehe ich doch Privatunterhaltung mit dem Lehrer vor.»[187] Von den 98 Hörern der *Tatsachen* erhielt Fichte ganze vier Ausarbeitungen seiner gestellten Aufgaben. Leider fehlen Berichte über die Entwicklung des Fichteschen Unterrichtes in den nächsten Jahren; es macht sich für uns bemerkbar, daß die Fichte-Gesamtausgabe mit ihren begleitenden Schriften noch nicht bis zu unserem Zeitraum vorgedrungen ist.

Fichte hatte im ersten Jahr sein Dekanat offensichtlich zur Zufriedenheit seiner Kollegen geführt; denn in der Sitzung, in der erstmalig die Dekane gewählt wurden, wurde Fichte erneut in dieses Amt gewählt. Da aber in der nachfolgenden Rektorenwahl schließlich, nach vier Wahlgängen, Fichte gewählt, und eine Ämterhäufung nicht zugelassen war, trat Fichte nicht mehr das Dekanat, sondern nun das Rektorat an. Die Wahl war wohl deshalb auf Fichte gefallen, weil man in ihm einen unbeugsamen Verfechter der Rechte der Universität gegen die Kultusbürokratie erhoffte. Die Verhältnisse waren so unerfreulich gewesen, daß der erste Rektor schon einmal seinen Rücktritt eingereicht hatte; schließlich war er aber doch im Amt geblieben. Fichte hat das Rektorat nicht gesucht; die Folgen seiner Erkrankung machten ihm immer noch zu schaffen, und er kannte sich auch so gut, daß er als Kehrseite seiner Unbeugsamkeit seinen Mangel an Geschmeidigkeit sah. Fichte aber war verpflichtet, die Wahl anzunehmen, da man vor dem letzten Wahlgang verabredet hatte, man wolle eine Ablehnung der Wahl nicht zulassen.[188] Das Wahlergebnis war denkbar knapp; mit einer einzigen Stimme Mehrheit ist Fichte gewählt worden. Vielleicht haben Professoren, die Fichte und der Universität gut wollten, gerade ihm das Amt zu ersparen gesucht. Jedenfalls hatte Fichte aber auch Feinde im Senat. Der Theologe Schleiermacher, der zehn Jahre zuvor mit Fichte in freundlichem Umgang zu sehen war, hatte im März 1811 seine Vorlesungen auf dieselbe Stunde verlegt, in der Fichte die Wissenschaftslehre las.[189] Er sollte aber noch in ganz anderer Weise Fichtes Gegenspieler werden.

In seiner Rektoratsrede, mit der er am 19. Oktober 1811 sein Amt antrat, *Über die einzig mögliche Störung der akademischen Freiheit,* hatte Fichte diese in einem Treiben der Studentenschaft, das sich aus den Verpflichtungen von Sitte und Ordnung lösen wollte, festgestellt. Kurz, er erneuerte seinen alten Kampf gegen Duell und Trinkzwang, Orden und Landsmannschaften. Schleiermacher aber hatte sich für ein solches Treiben ausgesprochen; davon aber hatte Fichte zur Zeit seiner Rede keine Kenntnis. Erst durch Unterhaltungen mit Studenten, so schreibt er wenig später, sei er auf Schleiermachers Meinung aufmerksam geworden: *Teil-*

Fichte-Karikatur von
Johann Gottfried Schadow

weise beriefen sie sich auf die «Gelegentlichen Gedanken über Universitäten» des Herrn Dr. Schleiermacher. Ich hatte diese Schrift nie gesehen und glaubte, daß diese Berufung entweder auf Mißverständnis, oder auf einzelne, aus dem Zusammenhang gerissene, nicht sehr ernste Stellen sich gründe, als ich durch einige Erscheinungen im Senate veranlaßt wurde, diese Schrift selbst zu lesen und z. B. S.126 fg., 166 jenes System wiederfand ... daß solche Schriften in die Hände der studierenden Jugend fallen, beglaubigt durch die Autorität eines verehrten Lehrers, und ihnen zur Regel der Bildung ihres Studentenlebens dienen, ist grundverderblich.[190]

Zunächst freilich ließ sich das Rektorat gut an. Fichte verlangte von der vorgesetzten Behörde, daß dem Rektor der diesem zukommende Titel Magnifizenz nicht vorenthalten würde und drang damit durch. Daß er die Würde der Universität wahrte, war ja im Sinne der zu vermutenden Motive seiner Wähler. Alsbald aber trat das auf, was Fichte in seiner Rektoratsrede als einzig mögliche Störung der akademischen Freiheit beschworen hatte. Zwei Studenten der Medizin aus Posen, Brogi und Melzer, hatten sich schon öfter gestritten, und dies nicht nur mit Worten. Melzer wollte dabei Brogi zum Duell reizen; als er damit keinen Erfolg hatte, schlug er auf dem Platz vor der Universität Brogi mit der Hetzpeitsche. Darauf klagte dieser beim Rektor. Der Fall kam vor das Ehrengericht der Universität, und dieses bestrafte beide Kontrahenten, Brogi wegen der vor Melzers Angriff mit der Peitsche vorgekommenen Tätlichkeiten mit acht Tagen Karzer, Melzer mit Unterschreibung des consilium abeundi, der leichtesten Form der Entfernung von der Universität, und mit vier Wochen Karzer. Die Strafe gegen Melzer hat insbesondere Fichtes Kollege, der Professor August Böckh, für zu gering angesehen, bei einer Tätlichkeit sei auf den schärferen Grad der Entfernung zu erkennen. In diesem allzu milden Urteil sah Böckh, und der Historiograph der Berliner Universität Lenz gibt ihm darin recht, den Ursprung weiterer Vorfälle.[191] Die Regierung teilte diese Meinung.

Alsbald war Brogi wieder in Händel verwickelt. Ein Student hatte ihn, als er sich an einen Demonstrationstisch herandrängte, weggewiesen und nach einem Wortwechsel geohrfeigt. Klaatsch, so hieß der Student, fügte dem hinzu, er solle hingehen und ihn beim Rektor anzeigen. Und so tat Brogi. Da sich Rektor und Syndikus nicht einigen konnten, wie der Fall zu behandeln sei, brachte ihn Fichte vor den Senat. Dieser stellte sich auf die Seite des Syndikus und lehnte – dies war am 29. Januar 1812 – «den Antrag des Rektors, den Fall als eine Auflehnung gegen Rektor und Senat zu betrachten, einstimmig ab. Vergebens suchte Fichte ... den Sinn der Kollegen zu wenden, indem er ihnen die Frage noch einmal öffentlich unterbreitete. Der Beschluß fiel abermals gegen ihn aus.»[192]

Fichte überließ nun die Führung des Prozesses seinem Vorgänger und bat am 14. Februar 1812 die Regierung um Entlassung aus seinem Amt als Rektor. Die Handlungsweise des Klaatsch beurteilte er im Entlassungsgesuch *als eine tätige Einführung des Grundsatzes, daß ein Studierender, der, statt sich zu duellieren, bei der akademischen Obrigkeit klage, als ein Ehrloser zu behandeln sei*[193]. Unter anderem führte Fichte dann, wie oben zitiert an, daß sich die Studierenden zur Rechtfertigung auf Schleiermacher beriefen, der auch die Mehrheit des Senats gewonnen habe. Die Führung des Rektorats sehe er, Fichte, unter diesen Umständen als unersprießlich an und bitte um Entlassung aus diesem Amt. *Nach den wandelbaren Umständen die Maxime meines Handelns zu bestimmen, und dennoch Einheit zu behalten, dazu fehlt es mir gänzlich an Gefügigkeit. Nur indem ich nach einem festen Gesetze und unwandelbarem Grundsatze einhergehe, kann ich ein rechtlicher Mann bleiben. Ich habe bei meiner Wahl diesen meinen Mangel dem Senate deutlich ausgesprochen; derselbe, der jetzt gewiß die Unzweckmäßigkeit derselben einsieht, ist aber dennoch auf ihr verharrt. Trete jetzt ein königliches Departement ins Mittel, und verhelfe einem Manne, der auf dem geraden Wege gehend bis in sein fünfzigstes Jahr gekommen ist, daß er ferner auf demselben verharren könne.*[194]

Der Senat beantragte bei der vorgesetzten Behörde, daß sie es einem Rektor gestatte, vorzeitig aus seinem Amt zu scheiden. Zugleich war in der Sache Klaatsch/Brogi das Urteil gefällt, welches nach Fichtes Meinung *grundstürzend ist für alle Disziplin, von der andern höchst ungerecht für die Person des B. Nämlich K. ist mit 14 Tage Karzer bestraft und noch überdies von seiten des Gerichts mit einer sophistischen Bemäntelung seines Vergehens ausgestattet worden, welche selbst sich auszusinnen er nimmermehr den Scharfsinn gehabt hätte. B. ist mit acht Tagen Karzer bestraft, mit der hinzugefügten Drohung, daß, falls nochmals ein Injurienhandel zwischen ihm und einem andern Studierenden vorkomme, wobei ihm (dem B.) das Geringste zur Last fiele, er nicht länger auf der hiesigen Universität geduldet werden soll.*[195]

Dieses Urteil erklärt sich wohl daher, daß Klaatsch aus einer angesehenen Berliner Familie stammte, Brogi aber ein aus ärmlichen Verhältnissen kommender Jude war. Lenz schildert ihn als einen Menschen von außerordentlichem Fleiß, aber auch von schwer zu ertragender Zudringlichkeit. Wenn die Charakterisierung durch Lenz zutrifft, so handelt es sich um einen unangenehmen Streber. Ihn aber deshalb zum Schuldigen zu stempeln, und das hat Fichte genau durchschaut, hieß, die Gerechtigkeit mit Füßen treten. Wenn nun dem Antrag des Senats stattgegeben würde, so müßte Fichte im Amt bleiben und das ungerechte Urteil vollziehen. Etwas gegen sein Gewissen zu tun, dazu war Fichte nicht willens. Er bat am 22. Februar nochmals um Entlassung.

Nach einer hinhaltenden Antwort wurde sie ihm am 17. April gewährt. Eine Woche später erfolgte die Entscheidung in der Sache Brogi/Klaatsch. Gegen den Letzteren wurde das milde Urteil mit Rücksicht auf den bisherigen guten Ruf bestätigt, das Urteil gegen Brogi, dem man lügenhaftes Verschweigen der eigenen Worte bei der Auseinandersetzung mit Klaatsch in der Anzeige vorgeworfen hatte, hart getadelt und die Strafe auf drei Tage Karzer ermäßigt, zudem die harte Vermahnung mißbilligt.

Fichtes Beurteilung des Falls war somit von der preußischen Regierung voll anerkannt worden. Man muß überhaupt feststellen, daß Fichte in den beiden großen Streitsachen seines Lebens, im Atheismusstreit und hier, in der Sache recht hatte; soweit die Quellen in der Rektoratssache sprechen, hat er auch keine, vielleicht unbewußt den fatalen Ausgang provozierenden Schritte unternommen. Mit Rücksicht auf die im *Beitrag* vorgebrachten Angriffe Fichtes gegen die Juden verdient es auch festgehalten zu werden, daß Fichte nicht bereit war, einem Juden weniger Recht zukommen zu lassen als einem anderen Menschen. Hier tat sich ein Graben zwischen Fichte und dem Senat auf, der nicht mehr geschlossen wurde; nur noch ein einziges Mal nahm Fichte an einer Senatssitzung teil, nämlich am 31. Juli 1813 an einer außerordentlichen Sitzung zur Feier des Königsgeburtstags.

Fichte zog sich nun ganz auf die Lehre und Forschung zurück. In dem Dichter Friedrich de La Motte Fouqué hatte er einen Freund gefunden, der zu ihm das Verhältnis eines zweiten Sohnes einnahm. Fichte hatte Fouqué das Du angeboten nach einer Nacht, in der man lange und heftig miteinander diskutiert hatte. Zu später Stunde hatte sich Fouqué wegen der gestörten Nachtruhe und wegen seiner Heftigkeit entschuldigt; Fichte aber hatte entgegnet: *Meinen Sie denn, junger Freund, ich könne Sie lieb haben, wenn Sie nicht aller sogenannten Rücksichten vergessen könnten, im Ringen für etwas, Ihnen von Herzen teuer?* und den späten Gast dann zum Mittagessen des nächsten Tages eingeladen, wo er ihm das Du anbot.[196]

Fichte vollendete kurz nach seinem Rücktritt vom Rektorat das 50. Lebensjahr; ein Bild aus dem Jahre 1812 zeigt Fichte auf dem Katheder.* Der Lehrer blickt schweigend, als habe er gerade einen Gedanken zu Ende geführt, aus dem Bild. Die Haltung der Hände verstärkt den Eindruck; der Zeigefinger der Rechten ist an den Daumen der Linken wie bei einer Aufzählung gelegt. Die Gestalt entspricht der Beschreibung Immanuel Hermanns: «Klein, aber von kräftig zusammengedrängter Statur, blutreich und muskelstark.»[197] Das Bild wird beherrscht durch die Augen. Trefflich paßt hier die Schilderung eines Studenten: «... aus seinen Augen blitzt seine Lebendigkeit hervor, wie sich auf seinem Gesicht seine Festigkeit ausdrückt.»[198] Einige lebhaft in die Stirn fallende Haare stören nicht den Eindruck von ruhiger Konzentration, gelassener Sicherheit und Freundlichkeit.

Im Sommer des Jahres erfuhr Fichte, daß es um seinen Vater schlecht stand. Johanna und Fichte selbst verabschieden sich von dem Schwerkranken; der Tod wird nicht aus dem Leben gedrängt, beide Fichte reden offen von einem Wiedersehen in einer besseren Welt.[199] Am 13. September 1812 ist Vater Fichte gestorben. Fichte setzte sich gegenüber seinem Bruder Gottlob, der seit Gotthelfs Tod sein Briefpartner ist, dafür ein, daß der Mutter der ungestörte Genuß ihres kleinen Vermögens erhalten bleibt.

Inzwischen war Napoleon nach Rußland gezogen; dort wurde seine Macht gebrochen. Preußen erhob sich gegen Napoleon. Die Hörsäle der Universität in Berlin leerten sich. Fichte beendete seine Vorlesungen im

---

* Es ist als Frontispiz dieses Bandes wiedergegeben.

Fichte beim Berliner Landsturm, 1813. Aquarellierte Zeichnung von Carl Friedrich Zimmermann

Frühjahr 1813 vorzeitig mit Vorlesungen *über die Bedeutung des wahrhaften Krieges*. Ein Hörer faßt zusammen: «Die Grundidee Fichtes in seinen Vorlesungen war, zu demonstrieren, daß Napoleon, durch Unterdrückung des in der französischen Revolution errungenen Gedankens der Freiheit, die Welt um dieses hohe Gut betrogen habe ... Er erkennt der französischen Revolution eine welthistorische, und was noch mehr sagen will, eine sittliche Berechtigung zu; daß Napoleon die Sache der Revolution verraten, erklärt er für seine schwerste Schuld.»[200] Das Urteil über die Französische Revolution zeigt deutlich, worum es Fichte bei der nationalen Erhebung gegen Napoleon ging, nicht um kruden Nationalismus, sondern um Freiheit.

Vermutlich im April 1813 trug sich Fichte, ähnlich wie schon 1806, der Regierung an, als gewissermaßen philosophischer Prediger ins Königliche Hauptquartier zu ziehen. Wiederum wurde das Anerbieten abgelehnt. Die nationale Begeisterung hielt Fichte nicht ab, klaren Kopf zu

Fichtes Reden an die Deutsche Nation. Wandgemälde im Auditorium Maximum der Universität zu Berlin von Arthur Kampf (im Zweiten Weltkrieg zerstört)

bewahren. Zu gleicher Zeit, als er seine Vorlesungen schloß, im Februar 1813, war Berlin von einer schwachen französischen Truppe besetzt. Ein Haufe wohl mutiger, aber auch kurzsichtiger Männer hatte sich zusammengetan, um die Truppe nachts zu überfallen. Tags zuvor erfuhr Fichte dies durch einen Schüler; sofort eilte er zum Polizeichef und besprach mit ihm die Nachricht. Die Rädelsführer wurden unter dem Vorwand von Aufträgen aus der Stadt entfernt und somit die Revolte verhindert. Diese hätte nach Immanuel Hermanns Worten gewiß durch nahe stehende, Napoleon verbündete Truppen «die härteste und gerechteste Rache»[201] gefunden.

Als später der Landsturm eingeführt wurde, nahm Fichte an den Übungen tätigen Anteil. Johanna stellte sich, als der Krieg Berlin näher rückte, und die Krankenhäuser mit dessen Opfern überfüllt waren, als Pflegerin

zur Verfügung. Nach dem Bericht ihres Sohnes hat sie nicht nur durch Pflege der Wunden, sondern besonders durch menschlichen Trost viel Gutes unter den Leidenden gestiftet.

Ende Oktober berichtete Fichtes Bruder Gottlob, welch schlimme Schäden der Krieg Rammenau, besonders der Mutter zugefügt hatte. Die alte Frau mußte wegen einer Kanonade drei Tage bei nasser und kalter Witterung im Wald aushalten. Die Lebensmittel waren geplündert; auf einem Schubkarren fuhr der Sohn die Mutter zu sich in sein Haus. Im Dezember erhielt Johanna den letzten Brief ihrer Schwiegermutter; es ging ihr schon schlecht. Vielleicht erlebe sie die Freude eines Besuchs im Frühjahr vor ihrem Ende noch einmal. Es sollte ihr nicht mehr vergönnt sein. Noch vor ihrem Sohn verstarb sie. Fichte hat allerdings davon nichts mehr erfahren.

Fichte. Aquatinta-Radierung von Juegel nach Daehling, 1808

Im Winter las Fichte wieder. Sein Sohn berichtet, er habe sich von neuer Jugendkraft durchdrungen gefühlt und geglaubt, seine Philosophie zu größter Klarheit bringen zu können, so sehr, «daß auch ein Kind – seine eigenen Worte – ihn fassen solle»[202]. Jetzt auch dachte Fichte an eine neue Publikation. Für den Sommer 1814 plante er, diese auf dem Land auszuarbeiten. Es sollte das Vermächtnis seines Lebens werden.

Am 3. Januar 1814 erkrankte Johanna an einem Nervenfieber, das sie sich bei ihrer Pflege zugezogen hatte. Die Krankheit brachte sie dem Tod nahe; Fichte verließ die schon Bewußtlose, um seine Vorlesung zu beginnen, und erwartete bei seiner Rückkehr seine Frau nicht mehr unter den Lebenden zu finden. Diese Handlungsweise dürfte auch einem streng pflichtbewußten Menschen kaum verständlich sein; wenn schon die Neigung nicht den Ausschlag zur Tat geben sollte, wäre es nicht die erste Pflicht gewesen, bei der Sterbenden und bei dem Sohn auszuharren? Ist es aber unsere Sache zu richten, wenn der Sohn nicht klagt? Dieser jedenfalls erzählt die Begebenheit ohne Kritik an seinem Vater. Von der Vorlesung zurückgekehrt, so heißt es weiter, habe Fichte Johanna auf dem Wege der Besserung angetroffen und sich vor Freude über die Kranke gebeugt. Vielleicht habe er sich dabei angesteckt; jedenfalls erkrankte er tödlich. Immanuel Hermann teilt mit, Fichte habe noch mit Freude von Blüchers Übergang über den Rhein gehört. Der Kranke verlor mehr und mehr das Bewußtsein; in einem seiner letzten lichten Augenblicke lehnt er seinem Sohn eine Medizin mit den Worten ab: *Laß das, ich bedarf keiner Arznei mehr, ich fühle, daß ich genesen bin.*[203] Es waren die letzten Worte, die Fichte mit Bewußtsein gesprochen hat.

Am 29. Januar gegen 5 Uhr morgens verschied er. Johanna konnte nicht zugegen sein, sie lag selbst noch auf dem Krankenlager. Der Tod war nicht schwer; der Schlaf wurde nach des Sohnes Worten immer unerwecklicher.

Johanna überlebte ihren Mann auf den Tag genau um fünf Jahre. Sie erhielt ob ihres Mannes und ihrer eigenen Verdienste willen eine angemessene Pension; zwei Prinzen des Königshauses unterstützten sie. Ihre Ansprüche waren bescheiden, und so litt sie keine Not. Immanuel Hermann, beim Tode des Vaters siebzehn Jahre alt, ging seinen eigenen Weg als Philosoph. Er hing der Philosophie seines Vaters nicht an, aber er war es, der dafür sorgte, daß sie nicht unterging, indem er eine Ausgabe der Werke seines Vaters veranstaltete und dessen Biographie, verbunden mit seinem Briefwechsel, herausgab.

Fichte wurde mit 51 Jahren aus dem Leben gerissen. Vollendung war ihm nicht beschieden. Niemand aber weiß, wovor ihn der Tod bewahrt hat. Die nach 1815 einsetzende Restauration wäre nicht der Boden für eine Philosophie der Freiheit gewesen.

Fichte wurde am 31. Januar unter großer Anteilnahme der Universität zu Grabe getragen. Philipp Konrad Marheinecke, sein Kollege aus der theologischen Fakultät, von Erlangen her schon mit ihm bekannt, hielt die Grabrede. Ganz im Geiste Fichtes deutet er dessen frühen Tod: «... und auch darum müssen wir glauben, daß der Allerselige die Reihe seiner Tage so früh abgebrochen, um seine sehnsüchtige Seele nicht länger dürsten zu lassen nach demjenigen, was sie doch erst bei ihm und nachdem sie alles Irdische abgestreift, im höchsten Maße genießen kann.»[204]

Fichte wurde auf dem Dorotheenstädtischen Friedhof beerdigt, seine Frau nach ihrem Wunsch zu seinen Füßen. Die Biographen Fichtes, sein Sohn und Fritz Medicus, haben ihre Lebensbeschreibung jeweils mit der Grabinschrift geschlossen, die aus dem 12. Kapitel des Buches Daniel des Alten Testaments genommen ist. Es empfiehlt sich, den Biographen zu folgen; denn die Inschrift spricht jene Tätigkeit Fichtes an, in der er am überzeugendsten gewirkt hat:

«Die Lehrer aber werden leuchten wie des Himmels Glanz, und die, so viele zur Gerechtigkeit weisen, wie die Sterne immer und ewiglich.»[205]

Anmerkungen

Zur Zitierweise:

I,3,342 — Fichtes Schriften und Briefe werden zitiert, soweit sie erschienen sind, nach der J. G. Fichte-Gesamtausgabe der Bayerischen Akademie der Wissenschaften. Hg. v. R. Lauth, H. Jacob u. H. Gliwitzky. Stuttgart-Bad Cannstatt 1962 ff. Sie hat vier Reihen: I Werke, II Nachlaß, III Briefe, IV Nachschriften. Alle Zitatangaben mit einer römischen und zwei arabischen Zahlen beziehen sich auf diese Ausgabe; die römische Zahl nennt die Reihe, die erste arabische den Band, die zweite die Seite.

SW IV,354 — Wenn nicht nach der Gesamtausgabe zitiert werden kann, so wird zitiert nach Johann Gottlieb Fichte's sämmtliche Werke. Hg. v. I. H. Fichte. 8 Bde. Berlin 1845–1846. Sie werden hier zitiert als SW I–VIII, nach der römischen Zahl folgt die Seitenzahl. Als SW IX–XI werden zitiert Johann Gottlieb Fichte's nachgelassene Werke. Hg. v. I. H. Fichte. Bonn 1834–1835.

Sch 2,241 — Soweit die Briefe noch nicht in der Gesamtausgabe enthalten sind, werden sie zitiert nach J. G. Fichte: Briefwechsel. Hg. v. H. Schulz. Bd. 2. Aufl. 2. Leipzig 1930. Der Band wird hier unter der Sigle Sch 2 zitiert; die Zahl nach dem Komma nennt die Seite.

G 2,387 — Berichte über Fichte werden zitiert nach J. G. Fichte im Gespräch. Berichte der Zeitgenossen. Hg. v. E. Fuchs in Zusammenarbeit mit R. Lauth u. W. Schieche. Stuttgart-Bad Cannstatt 1978 ff. Erschienen sind bisher 3 Bde. Sie werden unter der Sigle G 1–3 angegeben; die zweite Zahl nennt die Seite.

VB 195 — Wo nicht nach dieser Ausgabe zitiert werden kann wird unter der Sigle VB zitiert: Schulz, Hans: Fichte in vertraulichen Briefen seiner Zeitgenossen. Leipzig 1923. Die Zahl nennt die Seite.

Auszeichnungen in den Zitaten stammen aus den zitierten Schriften. Die Orthographie ist der modernen angeglichen, die Interpunktion beibehalten. Abkürzungen sind in der Regel aufgelöst. Einfügungen in Zitate sind in [ ] gesetzt. In den zitierten Titeln wird analog zur Bibliographie abgekürzt.

1 III,1,83
2 II,1,388
3 Stephan, G.: Ahnentafel des Philosophen F. in: Archiv für Sippenforschung u. alle verwandten Gebiete. 10. Görlitz 1933. 270
4 Fichte, I. H.: Fs Leben u. litterarischer Briefwechsel. Teil 1. 2. verm. u. verb. Aufl. Leipzig 1862. 5. Im folgenden: LLB 1

5 LLB 1, hier jedoch 1. Aufl. Sulzbach 1830. 6f
6 Luc. II,25–35
7 LLB 1,7
8 LLB 1,16
9 II,1,31–48
10 III,1,18
11 III,1,145–147
12 Vögelin, S.: Rittmeister A. Ott, zum Schwert, und seine Gattin D. Ott, geb. Rosenstock, in: Zürcher Taschenbuch auf das Jahr 1890. Neue Folge 13. Zürich 1890. 11
13 II,1,181
14 Kant, I.: Beantwortung der Frage: Was ist Aufklärung? Akad.-Ausg. VIII. Berlin 1912. 35
15 III,1,57
16 III,1,52
17 III,1,83
18 III,1,92; vgl. 74
19 III,1,95
20 Kafka, G.: Erlebnis u. Theorie in Fs Lehre vom Verhältnis der Geschlechter. In: Zschr. f. angewandte Psychologie. 16. Leipzig 1920. 1–24
21 II,1,70f
22 III,1,166
23 III,1,167
24 III,1,193
25 III,1,166
26 III,1,193
27 III,1,193
28 III,1,171
29 III,1,167
30 II,1,103–110
31 III,1,155
32 Ebd.
33 III,1,218
34 III,1,222
35 Medicus, F. Fichtes Leben. Leipzig 1922². 37
36 III,1,220
37 III,1,218f
38 III,1,222f
39 II,1,388
40 III,1,81f
41 II,1,385
42 II,1,415
43 II,2,11
44 II,1,418
45 G 1,35f
46 I,1,10f
47 I,1,11f
48 G 1,62
49 III,2,191
50 G 1,59
51 III,2,142
52 Reinhold, K. L.: Beiträge zur Berichtigung bisheriger Mißverständnisse der Philosophen. Erster Band, das Fundament der Elementarphil. betreffend. Jena 1790. 167
53 G 1,67f
54 II,3,11
55 G 1,63f
56 II,3,17f
57 II,3,16
58 I,2,102
59 III,2,112
60 III,2,115
61 G 1,100f
62 Wundt, M.: J. G. Fichte. Stuttgart 1927. 34
63 I,2,118
64 I,2,140
65 I,2,142
66 G 1,100
67 III,2,343f
68 I,4,195
69 III,2,115
70 G 1,122
71 G 1,181
72 G 1,175
73 II,3,426f
74 G 1,337
75 III,2,258
76 III,2,233
77 III,2,298
78 G 1,363f
79 III,3,37
80 I,1,293
81 G 1,323f
82 I,3,58
83 III,3,135
84 I,5,331
85 I,6,15

86 I,6,20
87 I,6,199f
88 I,6,19-24
89 I,6,16
90 I,5,332
91 I,5,335
92 G2,25
93 II,5,89
94 III,3,165
95 I,5,361
96 I,5,423
97 I,5,428
98 III,3,198
99 G2,56
100 G2,69
101 III,3,189
102 III,3,184
103 III,3,177
104 G2,39
105 I,6,4
106 I,5,392
107 I,5,393
108 G2,27
109 Ebd.
110 G2,30
111 G2,62; 65
112 G2,65
113 I,6,4
114 G2,76
115 I,6,72
116 I,6,74
117 III,3,282
118 III,3,284
119 III,3,285
120 III,3,286
121 III,3,283
122 G2,90f
123 G2,189
124 III,3,362; 368; 373
125 III,3,346
126 III,3,328
127 III,3,336
128 III,3,337
129 I,6,8
130 I,6,463-471
131 I,6,189
132 G2,217
133 G2,218f
134 III,4,68
135 III,4,75
136 III,4,101
137 III,4,181
138 III,4,46
139 III,4,206
140 G3,5
141 Sch2,322
142 III,4,110
143 III,4,323
144 G3,103
145 Schulz, W.: Der Briefwechsel Fs und Schellings. Vorbemerkung. In: F-Schelling. Briefwechsel. Frankfurt a. M. 1968. 12. Vgl. insgesamt 7-13
146 SW II,328
147 SW II,323
148 Sch2,375
149 G3, 204
150 SW X,91
151 Lauth, R.: Über Fs Lehrtätigkeit in Berlin [...] in: Hegel-St. 15. Bonn 1980. 46
152 G3,304-313
153 G3,305
154 G3,265
155 Sch2,401f
156 G3,345
157 G3,357
158 G3,363
159 SW XI,278
160 Germann, W.: Altenstein, F. u. die Universität Erlangen. Erlangen 1889. 21
161 Sch2,409
162 Sch2,418
163 Schellings sämmtliche Werke. VII. Stuttgart u. Augsburg 1860. 614
164 G3,430
165 G3,438
166 Nach den Akten des Universitäts-Kuratoriums B 63. In: Prutz, H.: Die Königliche Albertus-Universität zu Königsberg i. Pr. im 19. Jahrhundert. Königsberg 1894. 24
167 Sch2,439
168 Sch2,480f
169 Sch ,490
170 Sch2,512f

171 VB 232
172 VB 231
173 Sch 2,539; 552
174 Sch 2,545
175 SW V,410
176 SW VII,7
177 SW VII,11
178 SW VII,5
179 SW VII,273
180 SW VII,274
181 VB 227
182 Sch 2,375
183 Lenz, M.: Geschichte der königlichen Friedrich-Wilhelms Universität zu Berlin. Bd. 1. Halle 1910. 279
184 VB 234
185 Lenz a. a. O. 347. Köpke, R.: Die Gründung der königlichen Friedrich Wilhelms-Universität zu Berlin. Berlin 1860. 297
186 VB 235
187 VB 236
188 Lenz a. a. O. 400
189 VB 242
190 Sch 2,573 f
191 Lenz a. a. O. 412. Zum Ganzen vgl. 402–431
192 Lenz a. a. O. 415
193 Sch 2,572
194 Sch 2,575
195 Sch 2,578
196 VB 246
197 LLB 1,458
198 VB 234
199 Sch 2,588
200 VB 249 f
201 LLB 1,451
202 LLB 1,455
203 LLB 1,457
204 VB 263
205 VB 263

Zeittafel

1762	19. Mai: Geburt Fichtes in Rammenau als erstes Kind des Bandwirkers Christian Fichte und dessen Frau Johanna Maria Dorothea, geb. Schurich
etwa 1770	Ernst Haubold von Miltitz nimmt Fichte zu sich nach Oberau, gibt ihn bald zu Pfarrer Krebel nach Niederau
etwa 1774	Besuch der Lateinschule in Meißen
1774–1780	Besuch von Schulpforta
1780–etwa 1784	Studium von Theologie und Jura an den Universitäten in Jena, Wittenberg und Leipzig
etwa ab 1784	Tätigkeiten als Hauslehrer in Leipzig
1788–1790	Von September 1788 bis März 1790 Hauslehrer in Zürich. Dort verlobt sich Fichte mit Johanna Rahn
1790	Wieder Hauslehrer in Leipzig. Durch das Ansuchen eines Studenten um Unterricht in Kantischer Philosophie entdeckt Fichte diese und wird sofort deren Anhänger
1791	Im März löst Fichte das Verlöbnis, reist nach Warschau und von dort nach Königsberg, wo er im Juli eintrifft. Er besucht Kant und legt ihm einen *Versuch einer Kritik aller Offenbarung* vor, die dieser zum Druck empfiehlt
1791–1792	Von Spätherbst zu Spätherbst Hauslehrer in Krokow bei Danzig. Zur Ostermesse erscheint die *Offenbarungskritik,* zum Teil anonym. Öffentlich wird Kant als Verfasser genannt; dieser klärt den Sachverhalt auf, und Fichte ist mit einem Schlag ein berühmter Mann. Entstehung der *Revolutionsschriften*
Ende 1792	Fichte in Danzig. Erneuerung des Verlöbnisses mit Johanna Rahn
1793	Von Danzig über Königsberg nach Zürich. Am 22. Oktober heiraten Fichte und Johanna. Im Spätherbst erfaßt Fichte den Grundgedanken seiner *Wissenschaftslehre*
1794	*Rezension des Aenesidemus* (Februar). *Über den Begriff der Wissenschaftslehre* (Mai). Seit Mai Professor in Jena. *Über die Bestimmung des Gelehrten*
1794–1795	*Grundlage der gesamten Wissenschaftslehre*
1795	*Grundriß des Eigentümlichen der Wissenschaftslehre.* Der Versuch Fichtes, die Studentenorden zur Auflösung zu bringen, führt zu Tätlichkeiten gegen Fichte. Daher verbringt er das Sommersemester in Oßmanstedt
1796	18. Juli: Geburt des Sohnes Immanuel Hartmann (später: Hermann). *Grundlage des Naturrechts*

1798	*System der Sittenlehre. Über den Grund unsers Glaubens an eine göttliche Weltregierung.* Am 8. November wird in Kursachsen die Konfiskation des «Philosophischen Journals», in dem der letztgenannte Aufsatz Fichtes erschienen ist, unter anderem wegen dieses Aufsatzes verkündet
1799	*Appellation an das Publikum.* Fichte und Niethammer, die Herausgeber des «Philosophischen Journals», werden zur Verantwortung gezogen, Fichte entlassen. *Der Herausgeber des Philosophischen Journals gerichtliche Verantwortungsschriften.* Juli bis Dezember in Berlin. August: Erklärung Kants gegen Fichte
1800	*Bestimmung des Menschen.* Endgültige Übersiedlung nach Berlin
1800–1803	Bruch mit Reinhold, Schelling, Jacobi. Abrechnung mit Nicolai
1804	Fichte hält in Berlin dreimal öffentliche Vorlesungen über die Wissenschaftslehre. Er hat diese bezüglich ihrer Prinzipien vollendet
1805	Im Sommer an der seinerzeit preußischen Universität Erlangen. Beurlaubung für den Winter nach Berlin
1806	*Grundzüge des gegenwärtigen Zeitalters. Anweisung zum seligen Leben.* Wieder Beurlaubung. Nach der Niederlage Preußens am 14. Oktober bei Jena und Auerstedt Flucht nach Königsberg
1807	Im Winter Vorlesungen in Königsberg, Flucht nach Kopenhagen, Rückkehr nach Berlin. *Deduzierter Plan*
1808	*Reden an die deutsche Nation.* Mitglied der Bayerischen Akademie der Wissenschaften. Erkrankung Fichtes und seiner Familie
1810	*Die Wissenschaftslehre in ihrem allgemeinen Umrisse.* Errichtung der Universität Berlin. Fichte Dekan der Philosophischen Fakultät
1811	Fichte erster gewählter Rektor
1812	Vorzeitiger Rücktritt vom Rektorat anläßlich studentischer Händel. *Einzig mögliche Störung der akademischen Freiheit*
1813	Ausbruch des Freiheitskrieges; Abbruch der Vorlesungen. Wiederaufnahme der Vorlesungen im Herbst
1814	3. Januar: Erkrankung Johannas. Fichte infiziert sich an ihrer Krankheit. 29. Januar: Tod Fichtes

Zeugnisse

Hölderlin
Fichte ist jetzt die Seele von Jena. Und gottlob! daß ers ist. Einen Mann von solcher Tiefe und Energie des Geistes kenn' ich sonst nicht. In den entlegensten Gebieten des menschlichen Wissens die Prinzipien dieses Wissens, und mit ihnen die des Rechts aufzusuchen und zu bestimmen, und mit gleicher Kraft des Geistes die entlegensten kühnsten Folgerungen aus diesen Prinzipien zu denken, und trotz der Gewalt der Finsternis sie zu schreiben und vorzutragen, mit einem Feuer und einer Bestimmtheit, deren Vereinigung mir Armen ohne dies Beispiel vielleicht ein unauflösliches Problem geschienen hätte, – dies ... ist doch gewiß viel, und ist gewiß nicht zu viel gesagt von diesem Manne.
An Neufer 1794

Schiller
Fichte ... hat ein neues System in der Philosophie aufgestellt, welches zwar auf das Kantische gebaut ist, und es aufs neue bestätigt, aber doch sehr viel Neues und Großes in der Form hat. Es wird sehr viel Aufsehen und Streit erregen; aber Fichtens überlegenes Genie wird alles zu Boden schlagen, denn nach Kant ist er gewiß der größte spekulative Kopf in diesem Jahrhundert.
An Hoven 1794

Goethe oder/und Schiller
Fichte.
Hart erscheint noch die kämpfende Kraft, wenn die siegende schonet,
Aber nur weiter, dich führt sicher zum Siege die Bahn.
Ein Sechster [Philosoph]
Ich bin ich, und setze mich selbst, und setz ich mich selber
Als nicht gesetzt, nun gut! setz ich ein Nicht-Ich dazu.
Xenien 1796

Novalis
Fichte ist der gefährlichste unter allen Denkern, die ich kenne. Er zaubert einen in seinem Kreise fest. Keiner wird, wie er mißverstanden und gehaßt werden. Aber die Mißverständnisse werden hier erschöpft werden.
An Friedrich Schlegel 1797

Friedrich Schlegel
Die Französische Revolution, Fichtes Wissenschaftslehre, und Goethes Meister sind die größten Tendenzen des Zeitalters. Wer an dieser Zusammenstellung Anstoß nimmt, wem keine Revolution wichtig scheinen kann, die nicht laut und materiell ist, der hat sich noch nicht auf den hohen weiten Standpunkt der Geschichte der Menschheit erhoben.
Athenäum 1798

Jacobi
Der größte Tiefdenker unserer Zeit, Fichte ... hat es bewiesen, daß man dadurch allein Philosoph werde, daß man vom Notwendigen abstrahieren und reflektieren, sich zum Überflüssigen ganz Freien, erhebe.
An Jean Paul 1799

Hegel
Die Grundlage des Fichteschen Systems ist intellektuelle Anschauung, reines Denken seiner selbst, reines Selbstbewußtsein. Ich = Ich, Ich bin; das Absolute ist Subjekt-Objekt, und Ich ist diese Identität des Subjekts und Objekts.
Differenzschrift 1801

Chamisso
Bei Gott, ich habe nun Fichte verstehen lernen, und der Mann ist groß, der ein ganzes Geschlecht repräsentiert, und steht an dessen Spitze, und ist ihm herrlich geworden wie ein Pfleger zugleich und ein Hirte und ein Bollwerk, auf daß dies Geschlecht in seiner Selbstheit beharre ... sehet selbst seine Fruchtbarkeit.
An Varnhagen von Ense 1805

Steffens
Seine Gesinnung, ja selbst seine abgeschlossene scharfe Eigentümlichkeit bildete einen festen Haltpunkt, und durch seine rücksichtslose nationale Kühnheit gewann er viele Menschen, von denen er wissenschaftlich getrennt war; ja er hatte schon den Grund gelegt zu einer Ansicht des Lebens, die in einer schwankenden Zeit, wie die damalige, eine große geschichtliche Bedeutung erhielt. Die Verwirrung, in welche die religiöse und wissenschaftliche wie die bürgerliche Existenz geraten war, mußte einen Jeden zu der Einsicht führen, wie notwendig es war, sich vor allem in sich zu fassen und zu bestimmen, und der Mann, welcher berufen war, einen großen, Alles leitenden Gedanken kühn hervorzuheben als den absolut gebietenden, mußte als ein Herrscher anerkannt werden, auch wo er nicht verstanden ward.
Was ich erlebte 1842

Arnim
Die hohe Einheit seines Geistes, wie sein starker Charakter notwendig geistige Gewißheit forderte und sichre Gewißheit jeden Drang seines Charakters lenkte, bestimmte ihn der philosophische Mittelpunkt unsres Volkes während einer Reihe von Jahren zu werden ... Unleugbar der Ausgezeichnetste von denen, die sich Kants Schüler nannten, bemerkte er nicht, daß er auf eigner selbstgefundner Bahn gehe, bis es der Lehrer öffentlich erklärte: er war eigentümlich, weil er es nie sein wollte.
Im Preußischen Correspondenten 1814

Goethe
Nach Reinholds Abgang, der mit Recht als ein großer Verlust für die Akademie erschien, war mit Kühnheit, ja Verwegenheit, an seine Stelle Fichte berufen worden, der in seinen Schriften sich mit Großheit aber vielleicht nicht ganz gehörig über die wichtigsten Sitten- und Staatsgegenstände erklärt hatte. Es war eine der tüchtigsten Persönlichkeiten, die man je gesehen, und an seinen Gesinnungen in höherm Betracht nichts auszusetzen; aber wie hätte er mit der Welt, die er als seinen erschaffenen Besitz betrachtete, gleichen Schritt halten sollen?
Tag- und Jahreshefte 1819 und 1823

Schelling
Fichtes Idealismus verhält sich insofern als das vollkommene Gegenteil des Spinozismus oder als ein u m g e k e h r t e r Spinozismus, indem er dem absoluten, alles Subjekt vernichtenden Objekt des Spinoza das Subjekt in seiner Absolutheit, dem bloßen, unbeweglichen Sein des Spinoza die Ta t entgegensetzte; das Ich ist für Fichte nicht wie für Cartesius bloß der zum Behuf des Philosophierens angenommene, sondern der wirkliche, der wahre Anfang, das absolute Prius von allem.
Aus einem Erlanger Manuskript 1820 bis 1827

Bibliographie

Dem knappen Raum, der für diese Bibliographie zur Verfügung steht, Rechnung tragend, ist ihr Ziel, eine Ergänzung zu der unter 11000 notierten und der in 11231 (S. 589f) angeführten zu geben. Alle dort genannten Titel werden hier nicht genannt, ebensowenig Übersetzungen Fichtescher Texte, unveränderte Neuauflagen, Reprints, Rezensionen und Tagungsberichte. Artikel in Nachschlagewerken werden nur dann genannt, wenn sie den Charakter eines einführenden Aufsatzes haben. Fichtes Werke findet man in der Zeittafel, die gebräuchlichen Ausgaben am Anfang der Anmerkungen.

Die Ordnung dieser Bibliographie folgt der unter 11000 genannten. Nicht zu allen Gliederungsteilen konnten Literaturangaben gemacht werden. Damit der Anschluß an diese Bibliographie gewahrt bleibt, sind die hier ausgefallenen Teile übersprungen. Innerhalb der jeweils kleinsten Ordnungseinheit ist die Bibliographie chronologisch aufgebaut; innerhalb eines Jahres sind die Titel nach Verfassern alphabetisch geordnet.

Jede bibliographische Einheit ist mit einer Nummer bezeichnet. Die Nummern sind mit x versehen, wenn der Titel am Original überprüft werden konnte. Titel, auf deren Nummer das Zeichen x nicht folgt, sind nur der Literatur entnommen. Fichtes Name wurde stets durch F abgekürzt, Wissenschaftslehre durch WL; bisweilen entfallen Untertitel.

Die Titel erhalten Nummern ab 10000, wobei die Nummern ab 11000 sich auf die Literatur zu Fichte beziehen. Wo neue Ausgaben schon veröffentlichter Schriften Fichtes verzeichnet sind, entsprechen die letzten Ziffern der Nummer denjenigen Zahlen, die die Schriften schon in der Bibliographie haben. Dort hat beispielsweise Fichtes Schrift «Reden an die deutsche Nation» die Nummer 66; deren Neuauflage wird hier als 10066 geführt. Ersteditionen haben Nummern ab 10700.

Der Verfasser dankt für mancherlei Hilfe; eigens erwähnen möchte er Dr. Erich Fuchs und besonders Prof. Dr. Dr. Reinhard Lauth.

A Verzeichnis der Schriften Fichtes
A 1 Publikationen Fichtes

10002x Versuch einer Kritik aller Offenbarung (1792). Hg. u. eingel. v. H. Verweyen. Hamburg 1983

10004x Beitrag zur Berichtigung der Urteile des Publikums über die französische Revolution. [...] (1793). Beigefügt die Rez. v. F. Gentz (1794). Hg. v. R. Schottky. Hamburg 1973

10011x Über den Begriff der WL oder der sogenannten Phil. Einl. v. E. Braun. Stuttgart 1972

10012x Grundlage der gesamten WL [...] (1794). Einl. u. Reg. v. W. G. Jacobs. Hamburg 1970; 1979²

10015x Grundriß des Eigentümlichen der WL in Rücksicht auf das theoretische Vermögen [...] (1795). Auf Grundl. d. Ausg. v. F. Medicus hg. u. eingel. v. W. G. Jacobs. Hamburg 1975

10021x Grundlage des Naturrechts nach Prinzipien der WL. 3. Nachdruck. Einl. u. Reg. v. M. Zahn. Hamburg 1979

10036x Das System der Sittenlehre nach den Prinzipien der WL (1798). Einl. u. Reg. v. M. Zahn. Beigefügt ist die Rez. v. F. Schleiermacher. Hamburg 1969

10048x Die Bestimmung des Menschen. Auf der Grundl. der Ausg. v. F. Medicus revidiert v. E. Fuchs. Einl. v. R. Lauth. Hamburg 1979

10051x Der geschloßne Handelsstaat. [...] Mit einem bisher unbekannten Manuskript Fs Ueber StaatsWirthschaft. Auf der Grundl. d. Ausg. v. F. Medicus hg. u. eingel. v. H. Hirsch.

10058 Phil. eines Freimaurers. Briefe an Konstant. Hamburg 1978

10061x Die Grundzüge des gegenwärtigen Zeitalters (1806). Einl. v. A. Diemer, Sachreg. u. bibl. Hinweise v. E. Fuchs. Hamburg 1979

10063x Die Anweisung zum seligen Leben. Hg. u. eingel. v. H. Verweyen. Hamburg 1983

10066x Reden an die deutsche Nation. München o. J. (1967)

10066(2) – Faksimiledruck der Erstausgabe. Osnabrück 1973

10066(3)x – Mit Einl. v. R. Lauth. Hamburg 1978

10068x Die WL in ihrem allgemeinen Umriß (1810). Einl. u. Kommentar v. G. Schulte. Frankfurt/M. 1976

A 2 Posthume Schriften

10079x Über das Verhältnis der Logik zur Phil. oder Transcendentale Logik. [...] 1812. Hg. sowie mit Vorwort u. Anmerk. versehen v. R. Lauth u. P. K. Schneider unter Mitwirkung v. K. Hiller. Hamburg 1982

10082x Die WL. Zweiter Vortrag im Jahre 1804 [...] Gereinigte Fassung. Hg. v. R. Lauth u. J. Widmann unter Mitarbeit v. P. Schneider. Hamburg 1975

10084x Rechtslehre. [...] 1812. Auf der Grundl. der Ausg. v. H. Schulz hg. u. eingel. v. R. Schottky. Hamburg 1980

10098x Darstellung der WL aus den Jahren 1801/02. Hg. sowie mit einer Einl. u. Anmerk. versehen v. R. Lauth unter Mitarbeit v. P. K. Schneider. Hamburg 1977

10700x Erste WL von 1804. Aus dem Nachlaß hg. v. H. Gliwitzky mit einem Strukturvergleich zwischen der W. L. 1804¹ und der W. L. 1804² v. J. Widmann. Stuttgart Berlin Köln Mainz 1969

A 3 Briefeditionen

10410x Fichte–Schelling. Briefwechsel. Einl. v. W. Schulz. Frankfurt/M. 1968

A 4 Schriftensammlungen

10701x Schriften zur Revolution. Hg. v. B. WILLMS. Köln u. Opladen 1967
10702x Ueber den Begriff der WL (1794). Grundlage der gesammten WL (1794/95). Teilausg. v. Bd. I,2 der F-Gesamtausg. Mit Reg. v. H. M. BAUMGARTNER u. W. G. JACOBS sowie der Rez. v. K. A. Böttiger über Teil I und II der Grundlage (1795). Stuttgart-Bad Cannstatt 1969
10703x Die Schriften zu Fs Atheismus-Streit. Hg. v. F. BÖCKELMANN. München 1969
10704x Von den Pflichten der Gelehrten. Jenaer Vorlesungen 1794/95. Hg. v. R. LAUTH, H. JACOB u. P. K. SCHNEIDER. Einl. v. R. Lauth. Hamburg 1971
10705x Versuch einer neuen Darstellung der WL, Vorerinnerung, Erste und Zweite Einleitung, Erstes Kapitel (1797/98). Auf der Grundlage der Ausg. v. F. Medicus neu hg. v. P. BAUMANNS. Hamburg 1975
10706x Ausgewählte politische Schriften. Hg. v. Z. BATSCHA u. R. SAAGE. Einl. v. Z. Batscha, Nachwort v. R. Saage. Frankfurt/M. 1977

A 6 Edierte Vorlesungsnachschriften

10707x WL nova methodo. Kollegnachschrift K. Chr. Fr. Krause 1798/99. Hg. sowie mit Einl. u. Anm. versehen v. E. FUCHS. Hamburg 1982

B Literatur zu Fichte
B 1 Allgemeine Literatur-Berichte

B 1.1 Bibliographisches
11000x BAUMGARTNER, H. M. u. JACOBS, W. G.: F-Bibliographie. Stuttgart-Bad Cannstatt 1968

B 1.2 Zur Geschichte der Fichte-Forschung und Fichte-Editionen
11001x UÑA JUÁREZ, A.: Crónica fichteana. In: La Ciudad de Dios. 185. Escorial-Madrid 1972. 73–86
11002x TILLITETTE, X.: La nouvelle image de l'Idéalisme allemand. In: Rev. phil. de Louvain 71. Louvain 1973. 46–61
11003x DRUET, P.-P.: La première phil. de F et ses ambiguïtés. In Rev. phil. de Louvain 73. Louvain 1975. 643–657
11004x LAUTEMANN, W.: Transzendentalphil. als Anthropologie und als Erscheinungslehre. [...] In: Phil. Rundschau 23. Tübingen 1975. 197–263
11005x BREAZEALE, D.: English translations of F, Schelling, and Hegel: An annotatet Bibliography. In: Idealistic St. 6. Worcester 1976. 279–297
11006x PASCALE, C. DE: Una recente interpretatione di F. In: Riv. critica di storia d. fil. 31. Firenze 1976. 410–421
11007x VERWEYEN, H.-J.: New Perspectives on F. In: Idealistic St. 6. Worcester 1976. 118–159
11008x BERALDI, P.: Gli studi Fichtiani in Italia negli ultimi trent'anni. In: Racolta di studi e ricerche 1. Bari 1977. 129–150
11009 KUMAMOTO, C.: F-Forscher in Deutschland. In: Symposion 25. 1979. 1–12
s. a. 11161

B 2 Biographisches

11010x SCHOEPS, H. J.: C. H. Gros an F. I. Niethammer. Zwei Briefe. In: Kant-St. 61. Bonn 1970. 151–158

11011 TÜMMLER, H.: Goethe der Kollege. Sein Leben und Wirken mit C. G. Voigt. Köln Wien 1970

11012x ARNHARDT, G.: F und Schulpforta. In: Deutsche Zschr. f. Phil. 23. Berlin/DDR 1975. 325–328

11013x LAUTH, R.: Über Fs Lehrtätigkeit in Berlin von Mitte 1799 bis Anfang 1805 und seine Zuhörerschaft. In: Hegel-St. 15. Bonn 1980. 9–50

B 3 Allgemeine Publikationen zu Fichte und seinem Werk

B 3.1 Artikel in Lexika, Geschichts- und Sammelwerken

11014x JERGIUS, H.: F: Die Theorie des Gewissens. In: SPECK, J. (Hg.): Grundprobleme der großen Philosophen. Phil. der Neuzeit II. Göttingen 1976. 71–108

11015x SIEP, L.: F (1762–1814). In: HÖFFE, O. (Hg.): Klassiker der Phil. 2. München 1981. 40–61

B 3.2 Zur allgemeinen Charakteristik Fichtes, seiner Persönlichkeit, seiner Bedeutung und Wirkung

11016x LÓPEZ QUINTÁS, A.: Descubrimiento del verdadero F. In: Documentación Critica Iberoamericana de Fil. y Ciencias Afines 2. Sevilla 1965. 361–368

11017x GEBHARDT, J.: F. In: Die Revolution des Geistes. Politisches Denken in Deutschland 1770–1830. Hg. v. J. Gebhardt. München 1968. 69–99

11018 NOCI, G.: F, Schelling, Hegel. Riassunti di filosofia. (I quaderni IES). Torino 1969

11019x WILLMS, B.: Revolution und Protest oder Glanz und Elend des bürgerlichen Subjekts. Stuttgart Berlin Köln Mainz 1969

11020x LÓPEZ QUINTÁS, A.: El descubrimiento de F. Un raciovitalismo de alto estilo. In: Arbor 77. Madrid 1970. 5–12

11021x STIEHLER, G.: Der Idealismus von Kant bis Hegel. Darstellung und Kritik. Berlin DDR 1970

11022x BUHR, M.: Zur Geschichte der klassischen bürgerlichen Phil. Leipzig 1972

11023x FLÓREZ MIGUEL, C.: Nota sobre la fil. de F en la actualidad. In: La Ciudad de Dios 186. Escorial-Madrid 1973. 545–555

11024 LUCAS, H.-C.: Retorno critico a F? In: Cuadernos Salmantinos de Fil. 3. Salamanca 1976. 73–88

11025 EHRLICH, A.: F als Redner. München 1977

B 3.3 Zu Fichtes Philosophie im allgemeinen (Einführungen)

11026 PICCIONE, A.: Kant, F, Schelling, Hegel [...] nelle lezioni tenute al Liceo classico di Crotone nell'anno scolastico 1955–56. Milano 1966

11027 FERRER, S.: Fil. de F. In: Crisis 18. 1971. 168–173

11028x STREISAND, J.: Kritische Studien zum Erbe der deutschen Klassik. Frankfurt a. M. 1971

11029 VACCARINO, G.: L'errore dei filosofi. Un saggio introductivo con i confronti antologici da [...] Messina Firenze 1974

11030 SOLOMON, R. C.: Introducing the German idealists. Mock interviews with [...] Indianapolis 1981
11031x WIDMANN, J.: F. Einführung in seine Phil. Berlin New York 1982
s. a. 11073

B. 3.4 Zu Fichtes Philosophie in ihrer Entwicklung
11032 PHILONENKO, A.: F. In: La révolution kantienne. 173–239

B 3.5 Darstellungen von Fichtes Gesamtwerk
11033 PAREYSON, L.: F. Il sistema della libertà. 2. verm. Aufl. Milano 1976

B 4 Publikationen zu einzelnen Sachgebieten

B 4.1 Einführung in die Phil. («Einleitungen»; «Transzendentale Logik»; «Thatsachen des Bewußtseyns»; Probleme der Ästhetik)
11034 ROCKMORE, T.: F, Husserl, and phil. science. In: Internat. phil. Quarterly 19. New York 1979. 15–27
1035x BUNCSAK, O.: The relevance of transcendental phil. of the scientific theory of psychology. In: Idealistic St. 11. Worcester 1981. 49–61

B 4.2 Wissenschaftslehre
11036 BOURGEOIS, B.: L'Idealisme de F. Paris 1968
11037x INCIARTE, F.: Das Problem der Außenwelt im transzendentalen Idealismus [...] In: Phil. Jahrb. 76. Freiburg/München 1968/69. 123–140
11039x LEOPOLDSBERGER, J.: Anfang und Methode als die Grundprobleme der systematischen Phil. Reinhold, F, Hegel. In: Salzburger Jahrb. f. Phil. 12/13. Salzburg/München 1968/69. 7–48
11040x RADERMACHER, H.: F und das Problem der Dialektik. In: Studium Generale. 21. Berlin, Heidelberg, New York 1968. 475–502
11043x SIMM, G.: Wesen und Ursprung des Raumes in Fs WL. I-D. Köln 1969
11044x ZIMMERMANN, B.: Freiheit und Reflexion. Untersuchungen zum Problem des Anfangs des Philosophierens bei F. I-D. Köln 1969
11045x HOLZ, H.: Die Struktur der Dialektik in den Frühschriften von F und Schelling. In: Archiv f. Gesch. d. Phil. 52. Berlin 1970. 71–90
11046x INCIARTE, F.: Transzendentale Einbildungskraft. Zu Fs Frühphil. im Zusammenhang des transzendentalen Idealismus. Bonn 1970
11048x RADERMACHER, H.: Fs Begriff des Absoluten. Frankfurt a. M. 1970
11049x BECKER, W.: Idealismus und Skeptizismus. Kritische Betrachtungen über das Verhältnis von Selbstbewußtsein und Gegenstandsbewußtsein bei Kant und F. In: Phil. als Beziehungswissenschaft. Festschr. f. J. Schaaf. Hg. v. W. F. NIEBEL u. D. LEISEGANG. Frankfurt a. M 1971
11050x EDELMANN, H.: Der Begriff des Ich. Zum Problem des Selbstbewußtseins in Fs WL. I-D. Köln 1971
11051x POTHAST, U.: Über einige Fragen der Selbstbeziehung. Frankfurt a. M. 1971
11052x BECKER, F. J. E.: Freiheit und Entfremdung bei F, Marx und in der kritischen Theorie. I-D. Köln 1972
11053x BECKER, W.: Selbstbewußtsein und Spekulation. Zur Kritik der Transzendentalphil. Freiburg i. Br. 1972

11054x GARNITSCHNIG, K.: Der Begriff der Phil. bei F. I-D. Wien 1972

11055 LAUTEMANN, W.: WL und genetisches Prinzip. Prinzip und Aporie in der Spätphil. Fs. In: Phil. als Beziehungswissenschaft. Festschr. f. J. Schaaf. Hg. v. W. F. NIEBEL u. D. LEISEGANG. Frankfurt a. M. 1972

11057x FUCHS, E.: Wirklichkeit als Aufgabe. Die doxischen Konstitutiva der theoretischen Konzeption des faktischen Gegenstandes in Fs ‹Grundlage der gesammten WL› von 1794/95. I-D. München 1973

11058x HARTKOPF, W.: Dialektisches und undialektisches Denken. In: Zschr. f. phil. Forsch. 27. Meisenheim/Glan 1973. 499–513

11059x LAUTEMANN, W.: Freiheit und Wahrheit. Zur Wiedergewinnung und Kritik einer übergangenen Sinndimension. In: Phil. Perspektiven 5. Frankfurt a. M. 1973. 92–116

11060x REENPÄÄ, Y.: Kommentar des Fschen Versuchs, die logischen Konstanten im ‹Praktischen› zu begründen. In: Annales Universitatis Turkuensis Sarja. Serie B (Humaniora) 126. Turku 1973. 177–181

11061 ALVAREZ GONZALES, F.: F y la idea de desarrollo. In: Rev. de Fil. de la Uni. de Costa Rica (San José). Bd. 12, Nr. 35. 1974. 105–114

11062 DUSO, G.: Contradizione e dialettica nella formazione del pensiero fichtiano. In: Pubblicazioni d. uni. di Urbino. Serie di lettere e fil. 23. Urbino 1974

11063x SCHULTE, G.: Das Rechtfertigungsproblem phil. Rede in der WL des späten F. In: Akten des 4. Internat. Kant-Kongresses. Teil II, 2. Berlin/New York 1974. 805–812

11064x HOHLER, T. P.: Intellectual intuition and the beginning of Fs phil. [...] In: Tijdschrift voor Fil. 37. Driemaandelijks 1975. 52–73

11065x JERGIUS, H.: Philosophische Sprache und analytische Sprachkritik. Bemerkungen zu Fs WL. Freiburg/München 1975

11066x PAPULI, G.: F: La genesi della Dottrina della scienza e il Contributo sulla Rivolutione Francese. In: Bollettino di Storia della Fil. 3. Lecce 1975. 213–318

11067x SALVIUCCI, P.: F: Immaginazione e dialettica. In: Bollettino di Storia d. Fil. d. Uni. degli Studi di Lecce 3. Lecce 1975. 120–141

11068 TORRES FILHO, R. R.: O espirito e a letra. A critica da imaginação pura em F. São Paulo 1975

11069x LAMBLIN, R.: Le problème de l'interprétation de l'idéalisme transcendental absolu. In: Les Etudes Phil. 3. Paris 1976. 295–316

11070x SALLIS, J.: F and the problem of system. In: Man and World 9. The Hague 1976. 75–90

11071x SEIDEL, G. J.: Activity and Ground. F, Schelling, and Hegel. Hildesheim/New York 1976

11072 SOTO BADILLA, J. A.: F y la dialéctica como a priori. In: Rev. de Fil. de la Uni. de Costa Rica Bd. 14. Nr. 38. San José 1976. 25–29

11073x DRUET, P.-P.: F presentation choix de textes inédits en français bibliographie. Paris Namur 1977

11074x LÜTTERFELDS, W.: Fs transzendentale Erfahrungserklärung und die Kritik der Letztbegründung bei H. Albert. In: Phil. Jahrb. 84. Freiburg/München 1977. 293–317

11075 URSÚA LEZAUN, N.: Unidad de la razón teorética y prática en el pensamiento de F. In: Incontri Culturali 10. Roma 1977. 207–212

11076x FABRO, C.: Breve discorso sulla libertà (Annotazioni su F). In: Riv. di Fil. Neo-scolastica 70. Milano 1978. 267–280

11077x HARTKOPF, W.: Das charakteristische Novum der neueren, bei F, Schelling und Hegel einsetzenden Dialektik. In: Hegel-Jahrb. 1976. Köln 1978. 299–315

11078 URSÚA LEZAUN, N.: Teoria y praxis en el pensamiento de F. In: Letras de Deusto Bd. 8. Nr. 16. 1978. 159–164

11079 WIDMANN, J.: La ordenación del caos (F). In: Anuario fil. 11. Pamplona 1978. 127–153

11080x BÖHMER, O. A.: Faktizität und Erkenntnisbegründung. Eine Untersuchung zur Bedeutung des Faktischen in der frühen Phil. Fs. Frankfurt a. M. 1979

11081 FUKUYOSHI, M.: Die Grundaufgabe der Phil. Fs. (deutsch) o. O. 1979

11082 GEORGOPOULOU-NIKOLAKAKOU, N. D.: He Phil. tou ego eis ten epistemologian tou F. Athen 1979

11083 KÜSTER, B.: Transzendentale Einbildungskraft und ästhetische Phantasie. Zum Verhältnis von phil. Idealismus und Romantik. Königstein/Ts. 1979

11084x LAUTH, R.: Fs Argumentation gegen den logischen Empirismus. In: Rev. de métaph. et de morale 84. Paris 1979. 327–342

11085x FABRO, C.: Dialectique de la liberté et autonomie de la raison chez F. In: Rev.Thomiste. Jahr 88. Bd. 80. Toulouse 1980, 216–240

11086 MÜLLER, H.-J.: Subjektivität als symbolisches und schematisches Bild des Absoluten. Theorie der Subjektivität und Religionsphil. in der WL Fs. Königstein/Ts. 1980

11087 FUKUYOSHI, M.: Das Selbstbewußtsein des Subjekts und die Praxis beim späten F. In: Gedanke 6. Tokyo 1981

11088x GRAM, M. S.: Intellectual intuition: The continuity thesis. In: Journal of the history of ideas 42. Philadelphia 1981. 287–304

11089x HINZ, M.: Fs ‹System der Freiheit›. Analyse eines widersprüchlichen Begriffs. Stuttgart 1981

11090x WIDMANN, J.: Exact concepts: Fs contribution on a problem of tomorrow. In: Idealistic St. 11. Worcester 1981. 41–48

11091x GLOY, K.: Der Streit um den Zugang zum Absoluten. Fs indirekte Hegel-Kritik. In: Zschr. f. phil. Forsch. 36. Meisenheim/Glan 1982. 25–48

11092x HEGEMANN, C. G.: Identität und Selbstzerstörung. Grundlagen einer historischen Kritik moderner Lebensbedingungen bei F und Marx. I-D. Frankfurt 1978. Frankfurt a. M./New York 1982

11093 KUMAMOTO, C.: Grundstruktur der Dialektik beim frühen F. 1982

11094x LÜTTERFELDS, W.: Bin ich nur öffentliche Person? E. Tugendhats Idealismuskritik (F) – ein Anstoß zur transzendentalen Sprachanalyse (Wittgenstein). Meisenheim 1982

11095 FUKUYOSHI, M.: Die Einbildungskraft und das Geschichtsbewußtsein in der Vorstellungszeit – im Anschluß an F. In: Gedanke 9. Tokyo 1983

11096 IVALDO, M.: F l'assoluto e l'immagine. Roma 1983

11097x LAUTH, R.: Die Verschränkung von Evidenzbegründung, gnoseologischer Wissenslehre und ontologischer Aussage im transzendentalen System. In: Stuttgarter Hegel-Kongreß 1981. Kant oder Hegel? […] Hg. v. D. HENRICH. Stuttgart 1983. 149–161

11098 MECKENSTOCK, G.: Vernünftige Einheit. Eine Untersuchung zur WL Fs. Frankfurt a. M. 1983

11099x WIDMANN, J.: Dialektik more geometrico. Fs Prinzip der Systemgenesis. In: Stuttgarter Hegel-Kongreß 1981. Kant oder Hegel? […] Hg. v. D. HENRICH. Stuttgart 1983. 186–194

s. a. 11156, 11157, 11159, 11160, 11163, 11166, 11175, 11177, 11184, 11188, 11191, 11193, 11199, 11223, 11231

B 4.3 Recht – Interpersonalität – Staat

11100x RICHTER, F. u. Geisler, U.: Fs Stellung zur Französischen Revolution und zur nationalen Frage in Deutschland. In: Wissenschaftl. Zschr. der K.-Marx-Uni. Leipzig (Gesellschafts- und sprachwiss. Reihe) 11. Leipzig 1962. 977–984

11101 BOUVERESSE, J.: L'achèvement de la révolution copernicienne et le dépassement du formalisme: la théorie du droit naturel «réel» de F. In: Cahiers pour l'Analyse 6. Paris 1967. 101–138

11102x CORSANO, A.: Il F e l'origine della lingua. In: Giornale critico della fil. ital. Jg. 46. Serie 3. Bd. 21. Firenze 1967. 409–421

11103 SCHWEITZER, W.: Fs Verständnis von Revolution und Demokratie bis 1796. In: Ders.: Der entmythologisierte Staat. [...] Gütersloh 1968. 211–230

11104x CESA, C.: Alle origini della concezione «organica» dello Stato: Le critiche di Schelling a F. In: Riv. critica di storia della fil. 24. Firenze 1969. 135–147

11105x NAULIN, P.: Philosophie et communication chez F. In: Rev. Internat. de Phil. Jg. 23. Bd. 87. Bruxelles 1969. 410–441

11106x BATSCHA, Z.: Gesellschaft und Staat in der politischen Phil. Fs. Frankfurt a. M. 1970

11107x DUESBERG, H.: Person und Gemeinschaft. Phil.-systematische Untersuchungen des Sinnzusammenhangs von personaler Selbständigkeit und interpersonaler Beziehung an Texten von F und M. Buber. Bonn 1970

11108x SCHURR-LORUSSO, A. M.: Il pensiero linguistico di F. In: Lingua e Stile 5. Bologna 1970. 253–270

11109 SHEROVER, C. M.: Introduction to F, The Science of Rights. New York 1970

11110 GUEROULT, M.: La doctrine fichtéenne du droit (Grundlage des Naturrechts, Rechtslehre 1812, Reden an die deutsche Nation). In: Revue de Théol. et Phil. 21. Lausanne 1971

11111x BATSCHA, Z.: Die Arbeit in der Sozialphil. Fs. In: Archiv für Sozialgesch. 12. Bonn-Bad Godesberg 1972. 1–54

11112x HUNTER, C. K.: Der Interpersonalitätsbeweis in Fs früher angewandter praktischer Phil. Meisenheim/Glan 1973

11113x LAUENSTEIN, D.: Das Ich und die Gesellschaft. Einführung in die phil. Soziologie im Kontrast zu M. Weber und J. Habermas in die Denkweise Plotins und Fs. Stuttgart 1974

11114x DRUET, P.-P.: Métaphysique, droit et politique chez F. In: Rev. de métaph. et de morale 80. Paris 1975. 254–261

11115x HUNTER, C. K.: The problem of Fs phenomenology of love. In: Idealistic St. 6. Worcester 1976. 178–190

11116x JUNG, O.: Zum Kulturstaatsbegriff. F – Verfassung des Freistaates Bayern – Godesberger Grundsatzprogramm der SPD. Meisenheim/Glan 1976

11118x RIEDEL, M.: Fs zweideutige Umkehr der naturrechtlichen Begriffsbildung. In: Zschr. f. phil. Forsch. 31. Meisenheim/Glan 1977. 5–18

11119 SCHRÖDER, H.: Die Rechtlosigkeit der Frau im Rechtsstaat. Dargestellt am Allgemeinen Preußischen Landrecht, am Bürgerlichen Gesetzbuch und an Fs Grundlage des Naturrechts. Frankfurt/New York 1979

11120 FERRY, L.: Sur la distinction du droit et de l'ethique dans la première phil. de F. In: Archives de phil. du droit. Sirey 1981. 287–301

11121x ZACZYK, R.: Das Strafrecht in der Rechtslehre Fs. Berlin 1981
11122x SCHÖNDORF, H.: Der Leib im Denken Schopenhauers und Fs. München 1982

s. a. 11010, 11080, 11092,11165, 11168, 11231

B 4.4 Sittenlehre
11123x WINNER, L.: Sühne im interpersonalen Vollzug. Versuch einer Erhellung des Sühnebegriffs im Anschluß an die Transzendentalphil. Fs und seine Verifizierung im Rahmen der biblischen Botschaft. München Paderborn Wien 1978
11124x UNGLER, F.: Zu Fs Theorie des Gewissens. In: Wiener Jahrb. f. Phil. 12. Wien 1979. 212–235
11125x CESA, C.: Die Krise der Moralphil. In.: Stuttgarter Hegel-Kongreß 1981. Kant oder Hegel? [...] Hg. v. D. HENRICH. Stuttgart 1983. 176–185

s. a 11080, 11107,11120, 11122, 11231

B 4.5 Religionsphilosophie (Atheismusstreit)
11126 FLAM, L.: Natuur en God en het Duitse idealisme van F tot Hegel. In: Dialoog 7. 1966/67. 190–242
11127 MATERA, R.: F dal rifiuto del deismo alla conquista della libertà. Aforismi sulla religione e il deismo. In: Annali della Facoltà di Lettere e Fil. 13. Bari 1968. 175–206
11128x FABRO, C.: Introduzione all' ateismo moderno 1. Roma 1969^2
11129x PREUL, R.: Reflexion und Gefühl. Die Theologie Fs in seiner vorkantischen Zeit. Berlin 1969
11130x WAGNER, F.: Der Gedanke der Persönlichkeit Gottes bei F und Hegel. I-D. München. Gütersloh 1971
11131 MARSCH, W.-D.: Philosophie im Schatten Gottes: [...] F [...] Gütersloh 1973
11132 BADER, G.: Mitteilung göttlichen Geistes als Aporie der Religionslehre Fs. Tübingen 1975
11133x SCHULTE, G.: Fs Gottesbegriff. In: Kant-St. 66. Berlin–New York 1975. 163–168
11134x NEUENSCHWANDER, U.: Gott im neuzeitlichen Denken. Bd.2 [...] Gütersloh 1977
11135x BIEDERMANN, G. u. LANGE, E.: Zur Religionskritik der klassischen deutschen Phil. Die Herausbildung der Grundzüge der Staats- und Rechtstheorie bei Kant, F und Hegel. In: Deutsche Zschr. f. Phil. 26. Berlin/DDR 1978. 1262–1278
11136 GRUBER, L.: Transzendentalphil. und Theol. bei F und K. Rahner. Frankfurt a. M., Bern, Las Vegas 1978
11137x STALDER, R.: Der neue Gottesgedanke Fs. Eine Studie zum «Atheismusstreit». In: Theol. u. Phil. 54. Freiburg i. Br. 1979. 481–541

s. a. 11086

B 4.6 Philosophie der Geschichte
11138x SCHWEITZER, W.: Krieg und Frieden bei F und in der deutschen Romantik. In: Zschr. f. evangel. Ethik 12. Gütersloh 1968. 9–22
11139x LAUTH, R.: L'action historique d'après la phil. transcendentale de F. In: Bulletin de la Société française de phil. Séance du 24 janvier 1976. Jg. 70. Nr. 2. Paris 1976. 41–76

11140x PASCALE, C. de: Le origini teoriche dei «Discorsi alla nazione tedesca». La fil. della storia di F nel primo periodo berlinese. In: Studi Senesi Bd. 89. Serie 3. Bd. 26. Siena 1977. 39–103
11141 LAUTH, R.: Der systematische Ort von Fs Geschichtskonzeption in seinem System. In: Annalen der internat. Ges. für dialektische Phil. Köln 1983. 100–105
s. a. 11173

B 4.7 Pädagogik («Bestimmung des Gelehrten»; Universitätsschriften)
11142 URSÚA LEZAUN, N.: A essência do intelectual segundo a teoria de F. In: Convivium. São Paulo 13. Sã Paulo 1974. 536–544
11143 URSÚA LEZAUN, N.: La misión del intelectual en F. In: Anuario Fil. 7. Pamplona 1974. 463–487
11144 KRAUTKRÄMER, U.: Staat und Erziehung. Begründung öffentlicher Erziehung bei [...] F [...] München 1979
s. a. 11012, 11105, 11221, 11222

B 4.8 Politisches
11145x WILLMS, B.: Zur Dialektik der Planung. F als Theoretiker einer geplanten Gesellschaft. In: Säkularisation und Utopie. Ebracher Studien. E. Forsthoff zum 65. Geburtstag. Stuttgart, Berlin, Köln, Mainz 1967. 155–167
11146x CESA, C.: Noterelle sul pensiero politico di F. In: Riv. critica di storia della fil. 23. Firenze 1968. 61–80
11147 SAAGE, R.: Aspekte der politischen Phil. Fs. In: NPL 15. 1970
11148x SALVUCCI, P.: Fil. e politica in Kant e F. In: Bolletino di Storia d. Fil. d. Uni. d. Studi di Lecce 2. Lecce 1974. 81–101
11149 LABROUSSE, R.: Introduction à la phil. politique: [...] F [...] Paris 1975
11150x PHILONENKO, A.: Essais sur la phil. de la guerre. Paris 1976
11151x REUVERS, H.-B.: Friedensidee und Friedenswirklichkeit bei Kant, F und Hegel als Repräsentanten des Anspruchs vorrevolutionärer, revolutionärer und nachrevolutionärer Vernunft. In: Hegel-Jahrb. 1976. Köln 1978. 247–256
11152x THAKURDAS, F.: German political idealism. New Delhi 1980
s. a. 11089, 11124, 11100, 11171

B 5 Publikationen zu einzelnen Schriften

B 5.1 Interpretationen und Abhandlungen
B 52004 Berichtigung der Urteile
11153x CORSANO, A.: F e la Rivoluzione Francese. In: Bollettino di Storia d. Fil. d. Uni. d. Studi di Lecce 3. Lecce 1975. 48–68
11154x PASCALE, C. DE: Fil. e rivolutione nel primo F. [...] In: Giornale critico della fil. ital. Serie 4. Bd. 6. Jg. 54 (56). Firenze 1975. 566–581

B 52008 RZ: Aenesidemus
11155x BREAZEALE, D.: Fs Aenesidemus review and the transformation of German idealism. In: The Rev. of metaph. Washington 1980/81. 545–568

B 52011 Begriff der Wissenschaftslehre s. a. 11045

B 52012 Grundlage der gesamten WL

11156x SCHÄFER, D.: Die Rolle der Einbildungskraft in Fs WL von 1794/95. I-D. Köln 1967

11157x PITSOS, E.: Das Absolute Wissen in Fs ‹Grundlage der gesamten WL› aus den Jahren 1794/95. I-D. München 1968

11158x SCHUHMANN, K.: Die Grundlage der WL in ihrem Umrisse. Zu Fs ‹WLn› von 1794 und 1810. Den Haag 1968

11159x WRIGHT, W. E.: Self and Absolute in the Phil. of F. I-D. Vanderbilt. Vanderbilt 1971

11160x CLAESGES, U.: Geschichte des Selbstbewußtseins. Der Ursprung des spekulativen Problems in Fs WL von 1794–95. Den Haag 1974

11161x BUHL, G.: Über eine Bemerkung Fs zur Quadratur des Kreises. In: Archiv für Gesch. d. Phil. 59. Berlin/New York 1977. 281–288

11162 RICHIR, M.: Le Rien et son Apparence. Fondements pour la phénoménologie. (F: Doctrine de la Science 1794/95). Brüssel 1979

11163x OESCH, M.: Das Handlungsproblem. Ein systematischer Beitrag zur ersten WL Fs. Hildesheim Amsterdam 1981

s. a. 11048, 11056, 11060, 11062, 11218

B 52013 Bestimmung des Gelehrten 94

11164 URSÚA LEZAUN, N.: La «interpersonalidad» en las lecciones de F sobre el «destino del sabio» 1794. In: Estudios Filos. 25. Valladolid 1976. 455–461

s. a. 11208

B 52020 RZ: Zum ewigen Frieden

11165x BATSCHA, Z. u. SAAGE, R.: Friedensutopien des ausgehenden achtzehnten Jahrhunderts. In: Jahrb. des Inst. f. Deutsche Gesch. 4. Tel Aviv 1975. 111–145

B 52021 Naturrecht s. a. 11107, 11110, 11117, 11161, 11168

B 52022 Neue Darstellung der WL

11166x BRANDT, R.: Fs 1. Einleitung in die WL (1797). In: Kant-St. 69. Berlin–New York 1978. 67–89

B 52048 Bestimmung des Menschen

11167x VERNIOLLE DE CHANTAL, H.: La problématique théologique dans la «Destination de l'homme» (F). In: Rev. Phil. de la France et de l'Étranger. Jg. 105. Bd. 170. Paris 1980. 3–15

s. a. 11209

B 52051 Geschlossener Handelsstaat

11168x VERZAR, A.: Das autonome Subjekt und der Vernunftstaat. Eine systematisch-historische Untersuchung zu Fs ‹Geschlossenem Handelsstaat› von 1800. Bonn 1979

B 52061 Gegenwärtiges Zeitalter

11170x VERGNIOLLE DE CHANTAL, H.: Une œuvre peu connue de F: Les «caractéristiques du temps présent». In: Rev. Phil. de la France et de l'Étranger Jg. 106. Bd. 171. Paris 1981. 273–281

B 52064 Macchiavelli-«Vesta»
11171x SCHOTTKY, R.: Texte der politischen Theorie. München 1977

B 52066 Reden an die deutsche Nation
11172x MCGUIRE, M.: Rhetoric, phil. and the Volk; Fs Addresses to the German Nation. In: The Quarterly Journal of Speech 62. Falls Church 1976. 135–144
11173 LAUTH, R.: El concepto de historia en los «Discursos a la nación alemana». In: Anuario Fil. 12. Pamplona 1979. 65–93
s. a. 11110

B 52068 WL im Umriß 10 s. a. 11158

B 52079 Transzendentale Logik s. a. 11214

B 52082 Wissenschaftslehre 04
11174x LAUTH, R.: Los prolegomenos a los prolegomenos de la «Doctrina de la ciencia» de F (Exposición de 1804). In: Anuario Fil. de la Uni. de Navarra 5. Pamplona 1972. 307–333
11175x GLOY, K.: Einheit und Mannigfaltigkeit. Eine Strukturanalyse des «und». Systematische Untersuchungen zum Einheits- und Mannigfaltigkeitsbegriff bei Platon, F, Hegel sowie in der Moderne. Berlin–New York 1981
s. a. 11048

B 52084 Rechtslehre 12 s. a. 11110

B 52129 Geist und Buchstab
11176x URSÚA LEZAUN, N.: La esencia de la fil. y el problema del principio fil. en las lecciones de F «Ueber den Unterschied des Geistes und des Buchstabens in der Phil.». In: Pensamiento 33. Madrid 1977. 413–422

B 52134 WL nova methodo s. a. 11050

B 52XXX Eigene Meditationen/Prakt. Phil.
11177x MOISO, F.: Natura e cultura nel primo. F. Milano 1979

B 6 Fichte im Verhältnis zu anderen Denkern und geistigen Strömungen

B 60011 Coleridge
11178x STEMPEL, D.: Revelation on Mount Snowdon: Wordsworth, Coleridge, and the Fichtean imagination. In: The Journal of Aesthetics and art criticism 29. 1971. 371–384

B 60020 Feuerbach
11179x MADER, J.: F Feuerbach Marx. Leib Dialog Gesellschaft. Wien 1968
11180x MADER, J.: Feuerbach und F. In: Akten des 14. Internat. Kongresses für Phil. 5. Wien 1970. 637–642

B 60033 Hegel

11181x ALVAREZ-GOMEZ, M.: Hegel: muerte de Dios y liberacion del hombre. Critica de las fil. de la sujetividad (Kant, Jacobi y F). In: Miscelánea M. C. López. Hg. v. H. SANTIAGO-OTERO u. R. S. COSTOYAS. Salamanca 1970. 501–554

11182x ZIMMERLI, W. C.: Die Frage nach der Phil. Interpretationen zu Hegels ‹Differenzschrift›. Bonn 1974

11183 BARMETTLER, H.: Die Überwindung der bloßen Vernunft. Hegels Auseinandersetzung mit Kant und F in Tübingen und Bern (1792–1796). Frankfurt/Main, Bern, Las Vegas 1979

11184 HEINE, F.: Freiheit und Totalität. Zum Verhältnis von Phil. und Wirklichkeit bei F und Hegel. Bonn 1980

11185x LAUTH, R.: Hegels spekulative Position in seiner «Differenz des Fschen und Schellingschen Systems der Philosophie» im Lichte der WL. In: Kant-St. 72. Berlin–New York 1981. 430–489

11186x NAYLOR, J. G.: Interpretations of F. In: Idealistic St. 11. Worcester 1981. 125–141

s. a. 11039, 11091, 11228

B 60037 Hölderlin

11187x BARNOUW, J.: «Der Trieb, bestimmt zu werden». Hölderlin, Schiller und Schelling als Antwort auf F. In: Deutsche Vierteljahrsschr. f. Literaturwiss. u. Geistesgesch. 46. Stuttgart 1972. 248–293

s. a. 11228

B 60039 Husserl

11188x TIETJEN, H.: F und Husserl. Letztbegründung, Subjektivität und praktische Vernunft im transzendentalen Idealismus. Frankfurt a. M. 1980

B 60040 Jacobi

11189x LAUTH, R.: Fs Verhältnis zu Jacobi unter besonderer Berücksichtigung der Rolle F. Schlegels in dieser Sache. In: F. H. Jacobi, Philosoph und Literat der Goethezeit. Hg. v. K. HAMMACHER. Frankfurt a. M. 1971. 165–197

B 60044 Kant

11190x LEOPOLDSBERGER, J.: Fs Kantkritik im Hinblick auf die Strukturen der «Kritik der reinen Vernunft». In: Wiener Jahrb. f. Phil. 1. Wien Stuttgart 1968. 145–184

11191x CAMARTIN, I.: Kants Schematismuslehre und ihre Transformation beim frühen F. Zur Ausformung des Identitätsdenkens. I-D. Regensburg 1971

11192x NAVARRO, B.: Der vollständige transzendentale Idealismus. Die Stellungnahme Fs zu Kant als Bestimmungsgrund seiner Phil. I-D. München 1973

11193x LÜTTERFELDS, W.: Zum undialektischen Begriff des Selbstbewußtseins bei Kant und F. In: Wiener Jahrb. f. Phil. 8. Wien–Stuttgart 1975. 7–38

11194 NAVARRO, B.: El desarrollo fichteano del idealismo trascendental de Kant. Mexico 1975

s. a. 11049, 11088, 11148

B 60049 Leibniz

11197x ZAHN, M.: F und Leibniz. In: Akten des internat. Leibniz-Kongresses = Studia Leibnitiana Supplamanta 5. Wiesbaden 1971. 105–115

B 60053 Marx

11199x ROCKMORE, T.: F, Marx, and the German phil. tradition. London u. Amsterdam 1980

11200x ROCKMORE, T.: L'influence fichtéenne chez Marx. In: Rev. de Métaph. et de Morale 85. Paris 1980. 83–93

s. a. 11092, 11179

B 60059 Nietzsche

11201x MARKET, O.: F und Nietzsche. In: Perspektiven d. Phil. Neues Jahrb. 7. Hildesheim/Amsterdam 1981. 119–131

B 60061 Novalis

11202 MOLNÁR, G. v.: Novalis' ‹F Studies›. The Foundations of his Aesthetics. In: Stanford St. in Germanics and Slavics 7. Den Haag/Paris 1970

11203x HANNAH, R. W.: The Fichtean dynamic of Novalis' poetics. Bern, Frankfurt/M., Las Vegas 1981

s. a. 11207

B 60066 Platon

11204x ROCKMORE, T.: Le concept fichtéen de la science et la tradition platonicienne. In: Annales de la Faculté des Lettres et Sciences Humaines de Nice. Le savoir phil. 32. Paris 1977. 31–40

11205 JANKE, W.: Wiederholung der Dialektik. Die Übersetzung platonischer Dialektik in Fs WL. In: Diskussionsbeiträge des Fachbereichs 2 […] der Gesamthochschule Wuppertal 1. Wuppertal 1979

B 60070 Reinhold

11206x LAUTH, R.: Fs und Reinholds Verhältnis vom Anfang ihrer Bekanntschaft bis zu Reinholds Beitritt zum Standpunkt der WL Anfang 1797. In: Phil. aus einem Prinzip. K. L. Reinhold. Hg. v. R. LAUTH. Bonn 1974. 129–159

s. a. 11039

B 60072 Romantik

11207x SUMMERER, S.: Wirkliche Sittlichkeit und ästhetische Illusion. Die Fichterezeption in den Fragmenten und Aufzeichnungen F. Schlegels und Hardenbergs. Bonn 1974

B 60073 Rousseau

11208x URSÚA LEZAUN, N.: F frente a Rousseau (La polémica sobre la influencia de las artes y las ciencias sobre el bien en la humanidad). In: Arbor 97. Madrid 1977. 85–90

B 60074 Sartre

11209x SIGAD, R.: F, Sartre, Sokrates. Iyyun 29. Jerusalem 1980. 37–44; 132–131

B 60075 Schelling

11210x GÖRLAND, I.: Die Entwicklung der Frühphil. Schellings in der Auseinandersetzung mit F. Frankfurt a. M. 1973

11211x PETTERLINI, A.: Il rapporto fil. della natura-fil. trascendentale nel dibat-

tito F–Schelling. In: Studi Urbinati di Storia, Fil. e Letteratura 51. n. s. B. Urbino 1977. 317–322
s. a. 11088, 11104, 11187, 11213

B 60076 Schiller s. a. 11187

B 60077 Schlegel (Gebrüder)
11212x RÖTTGERS, K.: Fs Wirkung auf die Frühromantiker, am Beispiel F. Schlegels. Ein Beitrag zur «Theoriepragmatik». In: Deutsche Vierteljahrsschr. f. Literaturwiss. u. Geistesgesch. 51. Stuttgart 1977. 55–77
s. a 11189, 11207

B 60083 Spinoza
11213x LAUTH, R.: Spinoza vu par F. In: Archives de Phil. 41. Paris 1978. 27–48

B 6 Aristoteles
11214x SCHULTE, G.: Die aristotelische Syllogistik in der transzendentalen Logik Kants und Fs. In: Kant-St. 63. Berlin–New York 1972. 74–75

B 6 Blondel
11215x NICOLOSI, S.: Blondel e F. In: Giornale di metaf. 27. Torino 1972. 529–536

B 6 Galluppi
11216x CARIDDI, W.: Galluppi critico di F. In: Riv. Rosminiana di fil. e di cultura 66. Neue Serie 6. Varese 1972. 13–26

B 6 Geishüttner
11217 DERUNGS, U.: Der Moraltheologe J. Geishüttner (1763–1805), I. Kant und F. Studien zu den phil. Grundlagen der «Theol. Moral» J. Geishüttners. Regensburg 1969

B 6 Heidegger
11218x HERRMANN, F.-W. v.: F und Heidegger. Phänomenologische Anmerkungen zu ihren Grundstellungen. In: Der Idealismus und seine Gegenwart. Festschr. f. W. Marx zum 65. Geburtstag. Hamburg 1976. 231–256

B 6 Kierkegaard
11219 KLOEDEN, W. v.: S. Kierkegaard und F. In: Kierkegaard and Speculative Idealism. Hg. v. N. THULSTRUP. Copenhagen 1979. 114–144
11220x SCHMIDINGER, H. M.: Kierkegaard und F. In: Gregorianum 62. Roma 1981. 499–542

B 6 Pädagogik im 19. Jahrhundert
11221x SCHMIED-KOWARZIK, u. BENNER, D.: Die Pädagogik der frühen Fichteaner und Hönigswalds. Möglichkeiten und Grenzen einer Erziehungsphilosophie. Wuppertal, Ratingen, Düsseldorf 1969
11222 LASSAHN, R.: Studien zur Wirkungsgeschichte Fs als Pädagoge. Heidelberg 1970

B 6 Plotin

11223x BAUMGARTNER, H. M.: Die Bestimmung des Absoluten. Ein Strukturvergleich der Reflexionsformen bei F und Plotin. In: Zschr. f. phil. Forsch. 34. Meisenheim/Glan 1980. 321–342

B 6 Rahner s. a. 11136

B 6 Rehberg

11224x SCHULZ, E. G.: Rehbergs Opposition gegen Kants Ethik. Eine Untersuchung ihrer Grundlagen, ihrer Berücksichtigung durch Kant und ihrer Wirkungen auf Reinhold, Schiller und F. Köln, Wien 1975

B 6 Reimarus

11225x CESA, C.: F critico di Reimarus? A proposito di uno scritto giovanile di F. In: Studi di storia medievale e moderna per E. Sestan. Firenze 1980. 865–883

B 6 Rosmini

11226 SOTO BADILLA, J. A.: Antonio Rosmini y la unidad como exigencia en los sistemas del idealismo trascendental (F y Schelling). In: Rev. de Fil. de la Uni. de Costa Rica 15. San José 1977. 85–98

B 6 Samkara

11227x LEWIS, L. J.: F and Samkara. In: Phil. East and West 12. Honolulu 1963. 301–309

B 6 Sinclair

11228x HEGEL, H.: I. v. Sinclair zwischen F, Hölderlin und Hegel. Ein Beitrag zur Entstehungsgeschichte der idealistischen Phil. Frankfurt a. M. 1971

B 6 Sokrates s. a. 11209

B 6 Thomas von Aquin s. a. 11085

B 7 Varia

B 7.1 Jubiläen – Festreden

11229x LINDNER, H.: F und seine Phil. im Blickfeld unserer Zeit. In: Wiss. Zschr. d. K.-Marx-Uni. Leipzig (Gesellschafts- u. sprachwiss. Reihe) 11. Leipzig 1962. 969–975

11230x HAMMACHER, K. u. MUES, A. (Hg.): Erneuerung der Transzendentalphil. im Anschluß an Kant und F. Festschr. zum 60. Geburtstag von R. Lauth. Stuttgart-Bad Cannstatt 1979

11231x HAMMACHER, K. (Hg.): Der transzendentale Gedanke. Die gegenwärtige Darstellung der Phil. Fs. Hamburg 1981

Ergänzung zur Bibliographie

Wegen des knappen Raums, der zur Verfügung steht, folgt hier nur eine kursorische Zusammenstellung von Literatur zu Fichte nach 1982, vornehmlich von Monographien. Sie ist nach Erscheinungsjahren geordnet, innerhalb von Jahren alphabetisch. Hinzuweisen ist zuerst auf die F-Studien, die in Zukunft bibliographisch informieren wollen:

F-Studien. [Beiträge zur Geschichte u Systematik der Transzendentalphil.] Amsterdam. Bd. 1: 1990; Bd. 2: 1991

BALDUS, C.: Partitives und Distriktives Setzen. [Eine symbolische Konstruktion der Thetik in Fs WL von 1794/95.] Hamburg 1982

HEGEMANN, C. G.: Identität und Selbstzerstörung. [Grundlagen einer historischen Kritik moderner Lebensbedingungen bei F u Marx.] Frankfurt u. a. 1982

HOHLER, T. P.: Imagination and Reflection. [Intersubjectivity F's Grundlage of 1794.] The Hague u. a. 1982

SCHMALBROCK, G.: Nationalvergiftung. [Eine Auseinandersetzung mit Fs Reden an die deutsche Nation.] Gladbeck 1982

RODRIGUEZ, J. L.: Introducciónes a F. Zaragoza 1982

BUNCSAK, O.: Zur Propädeutik der transzendentalen Psychologie nach Ansätzen von J. G. F. [Historisch systematische Untersuchung.] München 1983

IVALDO, M.: F: L'assoluto e l'immagine. Roma 1983

MECKENSTOCK, G.: Vernünftige Einheit. [Eine Untersuchung zur WL Fs.] Frankfurt a. M. 1983

SCHMIDT, H.: Politische Theorie und Realgeschichte. [Zu J. G. Fs praktischer Philosophie (1793–1800).] Frankfurt a. M. u. a. 1983

TABER, J. A.: Transformative philosophy. [A study of Sankara, F, and Heidegger.] Honolulu 1983

BUZZI, F.: Libertà e sapere nella Grundlage (1794–95) di J. G. F. [Sviluppi fichtiani del problema deduttivo kantiano.] Brescia 1984

HOHENBLEICHER-SCHWARZ, A.: Das Existenzproblem bei J. G. F und S. Kierkegaard. Königstein/Ts. 1984

LAUTH, R.: Die transzendentale Naturlehre Fs nach den Prinzipien der WL. Hamburg 1984

PHILONENKO, A.: L'œuvre de F. Paris 1984

SALVUCCI, P.: La costruzione dell'idealismo: Fichte. Urbino 1984

SCHÜTTLER, H.: Freiheit als Prinzip der Geschichte. [Die Konstitution des Prinzips der Geschichte u der historischen Faktizität nach J. G. Fs WL.] Würzburg 1984

SIEMEK, M. J.: Die Idee des Transzendentalismus bei F und Kant. Hamburg 1984

SOLLER, A. K.: Trieb und Reflexion in Fs Jenaer Philosophie. Würzburg 1984

GABEL, G. U.: F. Ein Verzeichnis westeuropäischer und nordamerikanischer Hochschulschriften 1885–1980. Köln 1985

LINDEMANN, D. H.: Intellectual Roots of Nazism. [A Study of Interpretations.] Ann Arbor, Michigan 1985

OBERBEIL, F.: Die transzendentale Synthesis. [Entwurf u Geschichte der Hauptfrage in Fs Jenenser WL.] Frankfurt u. a. 1985

SCHUFFENHAUER, H.: J. G. F. Köln 1985

Düsing, E.: Intersubjektivität und Selbstbewußtsein. [Behavioristische, phänomenologische u idealistische Begründungstheorien bei Mead, Schütz, F u Hegel.] Köln 1986

Kessler, M.: Kritik aller Offenbarung. [Untersuchungen zu einem Forschungsprogramm J. G. Fs u zur Entstehung u Wirkung seines «Versuchs» von 1792.] Mainz 1986

Masullo, A.: F. L'intersoggettività e l'orginario. Napoli 1986

Renaut, A.: Le système du droit. [Philosophie et droit dans la pensée de F.] Paris 1986

Stolzenberg, J.: Fs Begriff der intellektuellen Anschauung. [Die Entwicklung in den WLn von 1793/94 bis 1801/02.] Stuttgart 1986

Di Tommaso, G. V.: Dottrina della scienza e genesi della filosofia della storia nel primo F. L'Aquila 1986

Ivaldo, M.: I principi del sapere. [La visione trascendentale di F.] Napoli 1987

Lauth, R.: Hegel vor der WL. Wiesbaden u. a. 1987

Nagasawa, K.: Das Ich im deutschen Idealismus und das Selbst im Zen-Buddhismus. [F u Dogen.] Freiburg u. a. 1987

Reisinger, J. K.: Die Begründung der Dialektik bei F (bis 1804), der Prozeß ihrer fortschreitenden Entäußerung bei Hegel und Marx und die notwendige Rückbesinnung auf ihr transzendentales Prinzip. München 1987

Strajn, D.: Subjekt svobode. [K vprasanju aktualnosti fichtejevskega subjekta.] Ljubljana 1987

Zehnpfennig, B.: Reflexion und Metareflexion bei Platon und F. [Ein Strukturvergleich des Platonischen «Charmides» u Fs «Bestimmung des Menschen».] Freiburg u. a. 1987

Jalloh, C. M.: Fs Kant-Interpretation and the Doctrine of Science. Lanham, MD 1988

Harada, T.: Politische Ökonomie des Idealismus und der Romantik. [Korporatismus von F, Müller u Hegel.] Berlin 1989

Koch, R. F.: Fs Theorie des Selbstbewußtseins [ihre Entwicklung von den «Eignen Meditationen über ElementarPhilosophie» 1793 bis zur «Neuen Bearbeitung der W. L.» 1800]. Würzburg 1989

Lauth, R.: Transzendentale Entwicklungslinien von Descartes bis zu Marx und Dostojewski. Hamburg 1989

Lütterfelds, W.: F und Wittgenstein. [Der thetische Satz.] Stuttgart 1989

Mues, A. (Hg.): Transzendentalphil. als System. [Die Auseinandersetzung zwischen 1794 u 1806.] Hamburg 1989

Rösler, W.: Bilden und Anerkennen. [Kritik einer Konstruktion: Studien zur praktischen Phil. Fs, Herbarts u Schleiermachers.] Essen 1989

Baumanns, P.: J. G. F. Kritische Gesamtdarstellung seiner Phil. Freiburg i. Br. 1990

Girndt, H. (Hg.): Selbstbehauptung und Anerkennung. [Spinoza – Kant – F – Hegel.] Sankt Augustin 1990

Metz, W.: Kategoriendeduktion und produktive Einbildungskraft in der theoretischen Phil. Kants und Fs. Stuttgart–Bad Cannstatt 1990

Weissberg, L.: Geistersprache: philosophischer und literarischer Diskurs im späten achtzehnten Jahrhundert. Würzburg 1990

Namenregister

Die kursiv gesetzten Zahlen bezeichnen die Abbildungen

Achelis 22
Aischylos 13
Altenstein, Karl Freiherr vom Stein zum 103f, *103*

Baggesen, Jens 33, 38, 42, *40*
Bardili, Christoph Gottfried 87
Bernhardi, Johann Christian August Ferdinand 90
Beyme, Karl Friedrich 109, *111*
Blücher, Gebhard Leberecht, Fürst von Wahlstatt 128
Böckh, August 122
Borgstede, Albrecht August Heinrich von 98
Brogi 122f

Chamisso, Adelbert von (Louis Charles Adélaide de Chamisso de Boncourt) 91, *92*
Cotta von Cottendorf, Johann Georg Freiherr 69
Crusius, Christian August 14

Dohm, Christian Konrad Wilhelm von 80, 82

Eberhardt 20
Erhard, Johann Benjamin 61

Feßler, Ignaz 91
Fichte, Christian 8, 9f, 15, 37, 62, 101, 124
Fichte, Gotthelf 16, 25f, 87, 124
Fichte, Gottlob 124, 127

Fichte, Immanuel Hermann 8, 9f, 12f, 15, 60, 91, 96, 108, 119, 124, 126f
Fichte, Johanna 8, 19f, 22, 25f, 37, 38, 47, 58, 80f, 82, 84, 88, 101, 106f, 108, 110f, 112, 124, 126f, *21*
Fichte, Johanna Maria Dorothea 8, 9f, 15, 20, 27, 62, 101, 124, 127
Forberg, Karl Friedrich 65f, 69
Fouqué, Friedrich Baron de La Motte- 124
von Frankenberg, Minister 79
Friedrich August III., Kurfürst von Sachsen 66, 68, *116*
Friedrich Wilhelm III., König von Preußen 98, 106f, 113

Gabler, Johann Philipp 66, 69, 77
Gellert, Christian Fürchtegott 12
Gliwitzky, Hans 96
Goethe, August von 105, *105*
Goethe, Johann Wolfgang von 16, 52, 56, 62, 65, 73, 77, 80f, 87, 89, 110, *76*
Goeze, Johann Melchior 12, *13*
Griesbach, Johann Jacob 13

Haller, Albrecht von 12
Hardenberg, Karl August von 98, 103, *102*
Hartung, Johann Heinrich 29
Haubold von Miltitz, Ernst 10, 14
Hegel, Georg Wilhelm Friedrich 58, 97, 118, 119, *93*
Herder, Johann Gottfried von 65, 79, *67*
Hildebrandt, Georg Friedrich 102

Hölderlin, Friedrich 61, *63*
Hufeland, Christoph Wilhelm 91, 98, 106f, *99*
Humboldt, Wilhelm von 113, *115*

Jacob, Hans 20
Jacob, Ludwig Heinrich 71
Jacobi, Friedrich Heinrich 52, 61, 65, 71, 82, 84, 86f, 96, 102, 106, 111f, *88*
Jean Paul (Johann Paul Friedrich Richter) 102

Kant, Immanuel 14, 17f, 20f, 24, 25, 28f, 32f, 37, 39f, 42, 53, 71, 84, 87, 96, 103, 107, 117, *28, 86*
Karl August, Herzog von Sachsen-Weimar 72, 74f, 77, 79, *75*
Klaatsch 122f
Klopstock, Friedrich Gottlieb 12, 19
Krebel, Pfarrer 10

Lauth, Reinhard 66f
Lavater, Johann Kaspar 19, 46, 71, *18*
Lenz 122f
Lessing, Gotthold Ephraim 12f, 62, 65, *12*

Marat, Jean-Paul 56
Marheinecke, Philipp Konrad 129
Massow, Julius Eduard Wilhelm Ernst von 98
Medicus, Fritz 13, 25
Mehmel, Gottlieb Ernst August 102
Melzer 122
Mendelssohn, Moses (Moses ben Menachem Mendel) 62

Mozart, Leopold 16
Mozart, Wolfgang Amadé 48
Müller, Johannes von 108f

Napoleon I., Kaiser der Franzosen 106, 110, 124f, *106, 107*
Nicolai, Friedrich 62, 64, 67, 90, 92, 99f, *101*
Niethammer, Friedrich Immanuel 58, 61, 65, 76f, 82, *60*
Novalis (Friedrich Leopold Freiherr von Hardenberg) 61

Ørsted, Hans Christian 108
Ott, Antonius 16

Palm, Johann Philipp 110
Paul I., Zar 64
Paulus, Heinrich Eberhard Gottlob 58, 74, 77, 80, *59*
Perthes, Friedrich Christoph 87
Pestalozzi, Johann Heinrich 47, 112
Pezold, Christian Friedrich 13f
Platner, Ernst 13, 47, 62, *16*
Platon 48

Rahn, Hartmann 19, 25f, 44, 60
Rahn, Johanna s. u. Johanna Fichte
Rehberg, August Wilhelm 73
Reinhard, Frank Volkmar 71
Reinhold, Karl Leonhard 33, 37, 39f, 45, 47, 48, 52, 61, 82, 84, 86f, 87, 93, *36*
Robespierre, Maximilien de 56

Schad, Johann Baptist 90
Schelling, Caroline von s. u. Caroline Schlegel
Schelling, Friedrich Wilhelm Joseph von 13, 47, 58, 61, 79, 81, 84, 87f, 90f, 105f, 118, 119, *85, 91*
Schiller, Charlotte 47, 104, *44*
Schiller, Friedrich 44, 61, 71f, 76, 89, *45, 72*
Schlegel, August Wilhelm 61, 73, 88f, 91f, *89*
Schlegel, Caroline 61, 88, *90*
Schlegel, Friedrich 61, 82f, 89, *83*
Schleiermacher, Friedrich Ernst Daniel 89, 91, 121f, 123
Schlichtegroll, Adolf Heinrich Friedrich von 110
Schlieben, Charlotte 26
Schmidt, Johann Christoph 80
Schön, Theodor von 30
Schultz, Johann 30
Schultz, Uwe 22
Schulz, Walter 89f
Schurich 9
Schütz, Christian Gottfried 13, 45
Shakespeare, William 58
Sokrates 79
Spalding, Johann Joachim 71

Spinoza, Baruch de 61, 65, 79
Staël-Holstein, Anne-Louise-Germaine, Baronne de 86
Steffens, Henrik 43f, *41*

Thales von Milet 7

Vanini, Lucilio 70
Varnhagen von Ense, Karl August 91, 118, *55*
Voigt, Christian Gottlob von 56, 58, 73f, 79f, 82, *55*

Weiße, Christian Felix 15, *17*
Weißhuhn, August 61
Wieland, Christoph Martin 71
Wöllner, Johann Christoph von 33, 36
Woltmann 58
von Wurmb, Minister 67
Wundt, Max 47

Ziegler, Werner Karl Ludwig 71

Über den Autor

Wilhelm G. Jacobs, Jahrgang 1935, promovierte 1964 über J. G. Fichte und veröffentlichte mit Hans Michael Baumgartner 1968 die J. G. Fichte-Bibliographie; er publizierte Arbeiten zur Geschichte der Philosophie, zur theoretischen und praktischen Philosophie, Jacobs ist mit H. M. Baumgartner und Hermann Krings Herausgeber der Historisch-kritischen Schelling-Ausgabe der Bayerischen Akademie der Wissenschaften in München. Er ist Dr. phil. habil. und Privatdozent an der Ludwig-Maximilians-Universität, München.

Quellennachweis der Abbildungen

Udo von Fichte: 6
Archiv für Kunst und Geschichte, Berlin: 11, 18, 23, 28, 30, 32, 35, 36, 41, 45, 47, 52, 59, 78, 83, 85, 86, 88, 91, 92, 104, 107, 108/109, 110, 112, 113, 116, 121, 125, 126/127, 128; Sammlung Historia-Photo: 13, 44
Bildarchiv Preußischer Kulturbesitz: 16, 17, 19, 40, 63, 67, 75, 76, 89, 90, 93, 95, 99, 100, 101, 102, 103, 120
Aus: Königsberg, Ein Buch der Erinnerung, München: 29
Aus: J. G. Fichte, Gesamtausgabe der Bayerischen Akademie der Wissenschaften, Stuttgart-Bad Cannstatt 1962 ff: 21, 31, 33, 68, 94
Schiller-Nationalmuseum, Marbach: 42/43, 46, 60
Aus Goethe. Sein Leben in Bildern. Frankfurt a. M. 1982: 55, 57, 105
Österreichische Nationalbibliothek, Wien: 111
Dr. Richard Bitterling: 115
Süddeutscher Verlag, München: 12
Bibliothèque Nationale, Paris: 106
Aus La Vie de Goethe en image: 14